Sekundarstufe — Wolfgang Wertenbroch

Lernwerkstatt Ethik

Der Mensch in der Gemeinschaft

- Was versteht man unter Ethik?
- Unser Gewissen
- Wie ethisches Verhalten entsteht
- Wünsche und Hoffnungen
- Mensch und Tier

KOHL VERLAG — Lernen mit Erfolg

www.kohlverlag.de

Lernwerkstatt Ethik
Der Mensch in der Gemeinschaft

7. Auflage 2022

© Kohl-Verlag, Kerpen 2010
Alle Rechte vorbehalten.

<u>Inhalt</u>: Wolfgang Wertenbroch
<u>Coverbild</u>: © fotolia.com
<u>Redaktion, Grafik & Satz</u>: Eva-Maria Noack
<u>Druck</u>: farbo prepress GmbH, Köln

Bestell-Nr. 11 042

ISBN: 978-3-86632-233-2

Das vorliegende Werk und seine Teile sind urheberrechtlich geschützt. Jede Nutzung in anderen als den gesetzlich zugelassenen Fällen bedarf der vorherigen schriftlichen Einwilligung des Verlages. Hinweis zu § 52a UrhG: Weder das Werk noch seine Teile dürfen ohne eine solche Einwilligung eingescannt und in ein Netzwerk oder das Internet eingestellt werden. Dies gilt auch für Intranets von Schulen und sonstigen Bildungseinrichtungen.

Der vorliegende Band ist eine Print-<u>Einzellizenz</u>

Sie wollen unsere Kopiervorlagen auch digital nutzen? Kein Problem – fast das gesamte KOHL-Sortiment ist auch sofort als PDF-Download erhältlich! Wir haben verschiedene Lizenzmodelle zur Auswahl:

	Print-Version	PDF-Einzellizenz	PDF-Schullizenz	Kombipaket Print & PDF-Einzellizenz	Kombipaket Print & PDF-Schullizenz
Unbefristete Nutzung der Materialien	x	x	x	x	x
Vervielfältigung, Weitergabe und Einsatz der Materialien im eigenen Unterricht	x	x	x	x	x
Nutzung der Materialien durch alle Lehrkräfte des Kollegiums an der lizenzierten Schule			x		x
Einstellen des Materials im Intranet oder Schulserver der Institution			x		x

Die erweiterten Lizenzmodelle zu diesem Titel sind jederzeit im Online-Shop unter www.kohlverlag.de erhältlich.

Inhalt

Seite

Vorwort — 4

1   **Einführung in die Ethik** — 5 – 7

2   **Der Mensch in der Gemeinschaft** — 8 – 20
- *Welche Rolle spielen die Mitglieder einer Gemeinschaft?*
- *Vom Lernen in der Gemeinschaft*
- *In Gemeinschaften leben kann Probleme bereiten*
- *Ohne Probleme in Gemeinschaften leben*

3   **Was ist Ethik?** — 21 – 29
- *Vom richtigen Verhalten*

4   **Schämst du dich denn nicht?** — 30 – 31
- *Hast du kein schlechtes Gewissen?*

5   **Wie entsteht ethisches Verhalten?** — 32 – 38
- *Bastelvorlage Sprüchekästchen*

6   **Lass´ dir nichts gefallen, wehr´ dich doch!** — 39 – 40
- *Muss man sich provozieren lassen?*

7   **Vom Wünschen** — 41 – 43
- *Wie realistisch sind meine Wünsche?*

8   **Sieben Regeln** — 44 – 46
- *Regeln schränken ein, aber sie haben auch viel zu bieten*

9   **Ethisches Verhalten gegenüber Tieren?** — 47 – 52
- *Mit einem Zoobesuch oder einem Stubentiger ist es nicht getan*

10   **Verantwortung weltweit** — 53 – 57
- *Du kannst mehr, als du denkst!*

11   **Was ist politische Ethik?** — 58 – 64
- *Du kannst mehr, als du denkst!*

12   **Die Lösungen** — 65 – 69

Bildquellen- & Literaturverzeichnis — 70

Vorwort

Sehr geehrte Kolleginnen und Kollegen,

die Ethik als praktische Philosophie sucht nach Antworten auf die Frage

Was sollen wir tun?

Um diese Frage zu beantworten, müssen wir die jeweilige Situation beurteilen, um das ethisch (sittlich) richtige Handeln zu ermöglichen. Und dieses Handeln besteht in der Verwirklichung ethischer Werte. Diese Werte sind in der jeweiligen Situation und in der Person zu finden.*

Die ethischen Werte sind uns allerdings nicht angeboren. Wir müssen sie erwerben durch Erziehung. In diesem Sinne ist auch die Schule daran interessiert, am Erwerb ethischer Werte mitzuwirken.

Ethische oder sittliche Werte müssen nicht erfunden werden, wir finden sie als Tatsachen in einer Kultur vor. Wir können im Unterricht daran anknüpfen und durch geeignete Aufgaben die Schüler klären lassen,

- was ethische und sittliche Werte eigentlich sind.
- Dann ist die Frage zu beantworten, ob ethische Werte uns innerlich verpflichten.
- Wenn diese Frage bejaht wird, ist deutlich werden zu lassen, was denn die ethischen Werte von uns fordern.
- Schließlich muss geklärt werden, ob und wie diese Forderungen verwirklicht werden können.

Mit den hier vorgelegten Arbeitsblättern werden diese schwierigen Themen in motivierender Weise aufbereitet und Ihren Schülern zugänglich gemacht.

Für die Arbeit damit wünschen Ihnen Freude und gutes Gelingen der Kohl-Verlag und

Wolfgang Wertenbroch

---

* Vergl. auch Schischkoff Georgi (Hg.), Philosophisches Wörterbuch. Stuttgart (Kröner) 1965 (17), Seite 147 ff.

Hinweis: Mit Schülern bzw. Lehrern sind im ganzen Heft selbstverständlich auch die Schülerinnen und Lehrerinnen gemeint.

Bedeutung der Symbole:

 Einzelarbeit EA

 Partnerarbeit PA

 Arbeiten in kleinen Gruppen

 Arbeiten mit der ganzen Gruppe

1 Einführung in die Ethik

Du kannst dich nicht nicht verhalten

Liebe Schülerin, lieber Schüler,

deine weiteren Aufgaben werden sich mit **Ethik** befassen.
Ethik ist ein **Teilbereich der Philosophie** und geht auf den Griechen Aristoteles (384 – 322 v. Chr.) zurück.

Dem Wort Ethik liegt das Wort **Ethos** zugrunde und hat drei Bedeutungen.
- Es meint den gewohnten Ort des Lebens und
- die Gewohnheiten, die an diesem Ort gelebt werden.
- Schließlich meint Ethos den Umgang der Menschen mit den Gewohnheiten an ihrem Lebensort. Wie denken und handeln sie, wie führen sie ihr Leben.

Bis hierher war die Rede von **den** Menschen. Wenn du das liest, denkst du wahrscheinlich an die Menschen um dich herum. Oder du denkst an viele unbekannte Menschen, die es irgendwo weit weg auf der Erde gibt. Auch die vielen unbekannten Menschen leben (meist?) an einem gewohnten Ort und leben ihre Gewohnheiten.

Mit den weiteren Aufgaben soll es aber nicht nur um diese Menschen gehen, sondern auch um dich.
Du hast es gemerkt, das Thema Ethik wird jetzt immer enger und eingegrenzt. Noch enger wird es, wenn es auf dich zugeschnitten wird, auf deine Person und auf die Menschen in deiner Umgebung. Zunächst aber wieder zu dir.

> Du möchtest dich wahrscheinlich so verhalten,
> dass du für dich keine Nachteile,
> sondern nur Vorteile hast.

Weil du aber nicht allein lebst, bist du von weiteren Menschen umgeben. Auch mit diesen Menschen hat dein Verhalten zu tun. Es geht nicht, dass du dich diesen Menschen gegenüber nicht nicht verhältst.

1 Einführung in die Ethik

Johanna fühlt sich jetzt in ihrer Klasse überhaupt nicht wohl. Sie hat keine Hausaufgaben gemacht und ist in dieser Stunde mit dem Unterricht völlig überfordert. Deshalb möchte sie am liebsten irgendwie im Erdboden verschwinden. Also verhält sie sich so unauffällig wie nur möglich. Dabei ist sie auch geistig in einer ganz anderen Welt und sie wird erst „wach", als die Stunde zu Ende ist.

Aufgabe 1: PA

a) *Überlegt in Ruhe diese Fragen.*
- *Hat Johanna sich nicht irgendwie verhalten?*
- *Hat Johanna sich handelnd am Unterricht beteiligt?*
- *Worin bestand Johannas Verhalten?*
- *War das ein bewusstes Verhalten, ein Verhalten bei vollem Bewusstsein?*

> Jedes bewusste menschliche Verhalten ist bedeutsam für den einzelnen Menschen (das Individuum).

Hierzu kommen wir wieder auf Johanna zurück.

b) *Hat Johanna das von ihr gewünschte Ergebnis erreicht? Einigt euch auf eine Antwort, die ihr hier eintragt.*

_____
_____
_____

PA

c) *Warum ist es auch für Johanna wichtig, eine Schule zu besuchen?*

_____
_____
_____

1. Einführung in die Ethik

d) *Hat Johannas Verhalten ihr geholfen, dieses Ziel (Aufg. c) zu erreichen?*

_____
_____

Ihr habt verstanden, dass jeder einzelne Mensch von seinem Verhalten Vorteile erwartet.

> Jedes bewusste menschliche Verhalten ist ebenfalls bedeutsam für die Gruppe, in welcher das Individuum lebt.

Im Beispiel von Johanna war ihre Schulklasse die Gruppe.

e) *Welches Verhalten erwartet eine Schulklasse von jedem einzelnen Schüler?*

_____
_____
_____

f) *Es könnte doch Johannas Mitschülern völlig egal sein, ob sie etwas lernt, oder ob sie „abgetaucht" ist. Oder seht ihr das anders?*

_____
_____
_____

g) *Was ihr hier über Johanna gelesen habt, ist euch vielleicht nicht so ganz neu. Berichtet von ähnlichen Situationen und Erlebnissen.*

2 Der Mensch in der Gemeinschaft

Welche Rolle spielen die Mitglieder einer Gemeinschaft?

> Weil der Mensch allein nicht leben kann, muss er Gemeinschaften bilden. Solche Gemeinschaften sind Familien, Arbeitsgruppen, Städte, Dörfer, Staaten, Lerngruppen oder Spielgruppen.
> Wenn diese Gemeinschaften gut funktionieren sollen, muss jedes ihrer Mitglieder eine Rolle einnehmen.

⮕ **Die Rolle als Kamerad, Freund und Mitspieler**

Aufgabe 1: *Wie sollte man sein, wenn man Kamerad, Freund oder Mitspieler sein will?*

⮕ **Die Rolle als Mitarbeiter**

Aufgabe 2: *Was sollte man von einem Mitarbeiter erwarten?*

⮕ **Jedes Mitglied einer Gemeinschaft sollte sich um Friedlichkeit bemühen.**

Aufgabe 3: *Warum eigentlich? Wisst ihr auch eine Begründung für eure Antwort?*

2 Der Mensch in der Gemeinschaft

⮕ **Man sollte sich bemühen um Treue und Verlässlichkeit**

Aufgabe 4: *Was ist damit gemeint? Und was geschieht, wenn jemand nicht treu oder nicht verlässlich ist?*

_____

_____

_____

⮕ **Und hier geht es um Einfügungsbereitschaft**

Aufgabe 5: a) *Was ist damit gemeint?*

_____

b) *Welchen Vorteil kann dieses Verhalten haben?*

_____

c) *Muss man sich auf jeden Fall einfügen?*

_____

⮕ **Verantwortung für das eigene Verhalten**

Aufgabe 6: a) *Was stellst du dir darunter vor?*

_____

_____

b) *Ist jeder für sein Handeln/Verhalten voll verantwortlich – oder gibt es Ausnahmen?*

_____

_____

2 Der Mensch in der Gemeinschaft

⮑ **Anerkennung der Rechte anderer**

Aufgabe 7: Welche Rechte könnten gemeint sein?

_____
_____
_____

⮑ **Geduld gegen Schwächen**

Aufgabe 8: a) Welche Schwächen könnten gemeint sein?

_____
_____

b) Hast du Schwächen? Wenn ja, notiere sie hier.

_____
_____

c) Wer soll dem Schwächeren gegenüber geduldig sein?

_____

d) Was stellst du dir in diesem Fall unter „geduldig sein" vor?

_____
_____

e) Warum sollte in diesem Fall jemand geduldig sein? Wer hätte Vorteile davon und welche Vorteile wären das?

_____
_____

2 Der Mensch in der Gemeinschaft

Ihr habt zusammen überlegt, was man tun muss, um in den verschiedenen menschlichen Gemeinschaften gut aufgehoben zu sein. Aber nicht jeder ist gleich gut in der Lage, zum Funktionieren der Gemeinschaft beizutragen.

Aufgabe 9: *Es ist euch bestimmt klar geworden, dass unser Verhalten für uns und für die Gemeinschaft wichtig ist, in der wir leben. Wir Menschen sind recht unterschiedlich. Lest unten verschiedene Eigenschaften und Aufgaben dazu.*

Der Einzelne _____

_____

_____

_____

_____

Die Gemeinschaft _____

_____

_____

_____

_____

Stephanie Hofschlaeger/pixelio.de

2 Der Mensch in der Gemeinschaft

 Aufgabe 10: *Welche Vorteile und welche Nachteile könnte das für diesen Menschen haben – und welche Vor- oder Nachteile seht ihr für die Gemeinschaft? Denkt daran, was ihr bisher eingetragen habt.*

➲ **Eigenschaften**
Beschreibt in kurzen Sätzen die Vorteile und die Nachteile dieser Eigenschaften für den Einzelnen und für die verschiedenen Gemeinschaften.

egoistisch _____

_____

_____

misstrauisch _____

_____

_____

neidisch _____

_____

_____

eifersüchtig _____

_____

_____

eitel _____

_____

_____

hochmütig _____

_____

_____

2 Der Mensch in der Gemeinschaft

überempfindlich ✏️ _____

_____

_____

ungeduldig _____

_____

_____

unbeherrscht _____

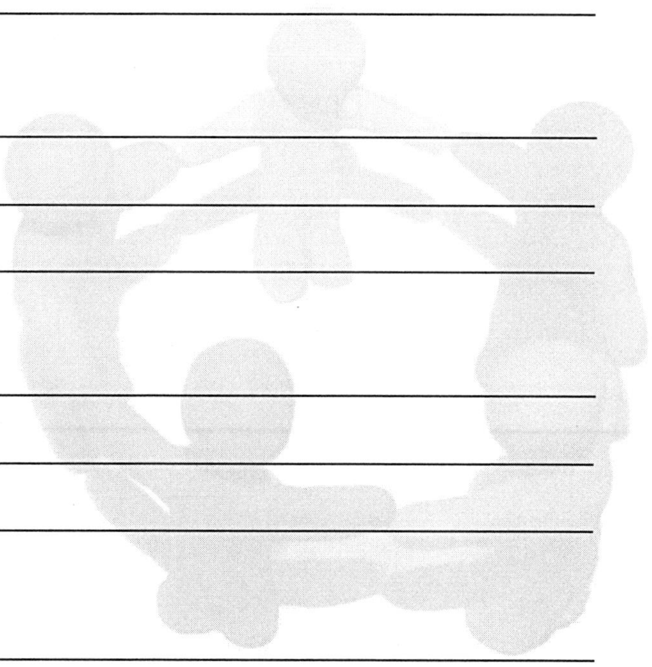

_____

_____

übertrieben vorsichtig _____

_____

_____

zieht sich von Aufgaben zurück _____

_____

_____

zieht Mitmenschen herab, macht sie schlecht _____

_____

_____

kann berechtigte Kritik nicht vertragen ____

_____

_____

2 Der Mensch in der Gemeinschaft

Vom Lernen in der Gemeinschaft

Aufgabe 11:

Ihr habt sehr viele wichtige Antworten und Meinungen zu dem Thema „Der Mensch in der Gemeinschaft" beigetragen. Das konntet ihr, weil ihr im Laufe eures Lebens sehr viel gelernt habt.

Welche Fähigkeiten und Fertigkeiten musstet ihr lernen, um die Aufgaben zu verstehen, darüber nachzudenken, eure Gedanken in der Gruppe auszutauschen und schließlich aufzuschreiben?

a) In welchen Gemeinschaften habt ihr gelebt oder lebt ihr immer noch, um dies alles zu lernen?

b) Wie haben euch diese Gemeinschaften dazu verholfen, um so viel lernen zu können?

2 Der Mensch in der Gemeinschaft

Aufgabe 12: a) Welche Menschen brauchst du, auf welche Menschen möchtest du nicht verzichten? Begründe deine Antwort.

_____
_____
_____
_____
_____

b) Gibt es Menschen, die auf dich nicht verzichten möchten? Schreibe auch hierzu eine Begründung auf.

_____
_____
_____
_____

2 Der Mensch in der Gemeinschaft

In Gemeinschaften leben kann Probleme bereiten

Aufgabe 13: a) *Das Leben der Menschen untereinander ist nicht immer ohne Probleme. Wenn es im Kindergarten Probleme gab, sammelt ihr sie hier stichwortartig.*

b) *Hier ist Platz für stichwortartige Notizen zu Problemen in der Schule.*

c) *Welche Probleme kann es in Familien geben?*

Aufgabe 14: *Das ist in allen Gemeinschaften/Gruppen möglich: Manchmal fühlt man sich zurückgewiesen oder ausgestoßen oder sogar verachtet. Überlegt zunächst, was diese Begriffe bedeuten und schreibt es hier stichwortartig auf.*

2 Der Mensch in der Gemeinschaft

Aufgabe 15: Bitte zuerst diese Aufgabe aufmerksam lesen.
Berichtet, ob ihr euch zurückgewiesen, ausgestoßen oder vielleicht sogar verachtet gefühlt habt. Das zu berichten kann gefühlsmäßig recht schwierig sein. Es geht aber viel besser, wenn
– jeder aufmerksam zuhört,
– nicht dazwischen redet,
– nicht diskutiert,
– keine Ratschläge gibt,
– jeder akzeptiert, was gesagt wird, damit sich jeder
– auch akzeptiert fühlt.

Aufgabe 16: Nachdem ihr über Probleme in Gemeinschaften nachgedacht habt, lest diesen Zeitungsartikel und beantwortet einige Fragen schriftlich.

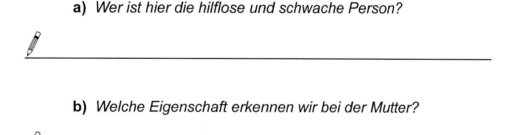

Totgeschüttelt – Wegen der Tötung ihres zwei Monate alten Babys ist die 29 Jahre alte Mutter in Trier zu fünf Jahren Haft verurteilt worden. Die Frau hatte ihr Kind so heftig geschüttelt, dass es zu Hirnblutungen kam. Sie hatte ausgesagt, nach stundenlangem Schreien des Kindes die Kontrolle über sich verloren zu haben.

a) Wer ist hier die hilflose und schwache Person?

_____

b) Welche Eigenschaft erkennen wir bei der Mutter?

_____

c) Ist das Kind für sein Verhalten (Schreien) verantwortlich?

_____

d) Ist die Mutter für ihr Verhalten verantwortlich?

_____

e) Ist diese Frau für das Leben in Gemeinschaften geeignet? Diskutiert gemeinsam und überlegt auch eine Begründung.

2 Der Mensch in der Gemeinschaft

Ohne Probleme in Gemeinschaften leben

Aufgabe 17: a) Manchmal und hoffentlich oft fühlt man sich angenommen und ernst genommen. Überlegt, was diese Begriffe bedeuten und schreibt es stichwortartig auf.

_____

_____

_____

b) Berichtet hierzu Situationen. Denkt daran, dass ihr nur zuhört, nicht dazwischen redet oder anderweitig stört.

Aufgabe 18: Es gibt Menschen, die sich darüber freuen, dass es dich gibt. Wenn man darüber in der Gruppe berichtet, kann es schwierig werden, da nicht jede(r) mit Menschen zusammenlebt, die sich freuen, dass es dieses Kind oder diesen Jugendlichen gibt. So etwas zu berichten kann schwierig sein, weil es wie Aufschneiderei wirken kann.

Deshalb soll jeder für sich allein darüber nachdenken und sich entsprechende Situationen vorstellen.
Lasst euch dafür fünf Minuten Zeit.

Seite 18

2 Der Mensch in der Gemeinschaft

Aufgabe 19: Auch das gehört zum gelungenen Leben in Gemeinschaften: Sich entschuldigen.
Auch wenn es schwierig ist, das offen zuzugeben: Vielleicht ist schon jemand durch dich traurig geworden? Stelle dir eine oder mehrere solcher Situationen vor, in denen das geschehen ist. Dann war es sicher nicht einfach, ein Unrecht zuzugeben – oder sogar um Verzeihung zu bitten.

Berichtet
- *über solche Situationen,*
- *über das Unrecht,*
- *über deine Gefühle,*
- *über den Versuch, um Verzeihung zu bitten und*
- *ob/wie du es geschafft hast.*

> Wenn wir in den verschiedenen Gruppen erfolgreich und/oder glücklich leben wollen, müssen wir etwas dafür tun – oder lassen.

Aufgabe 20:
a) *Einigt euch auf fünf Verhaltensweisen, die euch zu Erfolg und Glück verhelfen sollen/können.*

_____
_____
_____
_____

b) *Was sollte man lieber bleiben lassen/nicht tun? Auch hier sind wieder fünf Verhaltensweisen gefragt.*

_____
_____
_____
_____

2 Der Mensch in der Gemeinschaft

PA

Aufgabe 21: Das Leben spielt sich für dich bald in unterschiedlichen Lebensbereichen ab. Überlegt gemeinsam, welche dieser Verhaltensweisen einzutragen sind bei **NEIN** und bei **JA** und tragt sie dann ein.

Genuss wollen – Disziplin – Hilfsbereitschaft – Abenteuer wollen – Anstrengungsbereitschaft – Spannung erleben wollen – Ordnung – Abwechslung wollen – Pflichterfüllung – Unordnung – Treue – Unpünktlichkeit – Untreue – Fleiß – Bescheidenheit – Überheblichkeit – Selbstbeherrschung – Unbeherrschtheit – Kein Leistungswille – Pünktlichkeit – Anpassungsbereitschaft

---

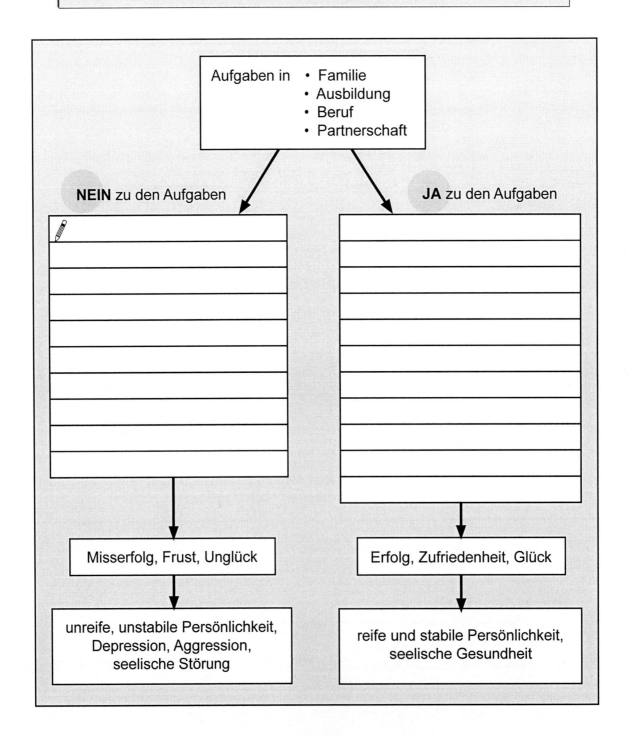

3 Was ist Ethik?

Die folgenden Texte und Aufgaben befassen sich mit der Suche nach Antworten.

> **Vom richtigen Verhalten**
> Die Menschen aller Kulturen müssen selber bestimmen, wie sie ihr Leben führen wollen. Dazu gehören Überlegungen, welches Verhalten als gut oder böse, als richtig oder falsch zu bewerten ist. Das Verhalten wiederum bezieht sich auf die eigenen Interessen des handelnden Einzelnen und auf die soziale Umwelt, in welcher der Einzelne lebt. Solche Überlegungen werden als Ethik bezeichnet.

Aufgabe 1:

EA

a) *Lies den Text im Kasten noch einmal langsam halblaut. Höre dir dabei selber zu.*

b) *Du hast gelesen, dass es die Menschen sind, die ständig überlegen müssen, welches Verhalten richtig oder falsch ist. Demnach müssen Tiere darüber nicht nachdenken.*

Zu diesem Thema findest du zwei Beispiele:

In einer Stadt leben 100 000 Menschen. Jeder möchte erfolgreich lernen oder arbeiten, sich gesund ernähren und mit den anderen gut auskommen.

Im Ameisenhaufen leben 100 000 Tiere. Sie möchten im Bau ihre Arbeit verrichten, sich ausreichend ernähren und mit den anderen gut auskommen.

c) *Welche von Menschen gemachten Probleme können in der Stadt auftreten? Nenne fünf Beispiele.*

_____

_____

d) *Welche von Ameisen gemachten Probleme können auftreten? Begründe deine Antwort.*

_____

_____

3 Was ist Ethik?

e) Wodurch ist das Zusammenleben geregelt?
- bei den Menschen

_____

_____

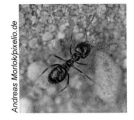

- bei den Ameisen

_____

_____

f) Warum brauchen Menschen eine Ethik, Tiere jedoch nicht?
Lies noch einmal den Text auf Seite 21 oben.

_____

_____

_____

_____

Gedanken zur Ethik sind nicht ganz neu. Im Text auf Seite 21 oben hast du gelesen, dass sich Menschen aller Kulturen überlegen müssen, wie sie ihr Leben gestalten wollen.
Schon im 4. Jahrhundert v. Chr. schrieben die Alten Ägypter in ihren Weisheitsbüchern die Goldene Regel auf:

Goldene Regel
Tu niemandem etwas Böses an, um nicht heraufzubeschwören, dass ein anderer es dir antue.

3 Was ist Ethik?

Aufgabe 2: Jeder Mensch dieser Welt würde der Regel auf S. 22 zustimmen. Dennoch lesen wir täglich in der Zeitung oder wir erfahren aus dem Fernsehen, dass Menschen sich nicht an diese Regel halten. Das bezieht sich einmal auf den kleinen Kreis der Familie und zum anderen auf größere Gruppen wie Stämme oder Staaten.

EA

Werte eine Tageszeitung aus und schreibe Beispiele heraus.

a) Verstoß gegen die Goldene Regel in der Familie:

_____

_____

b) Verstoß in größeren Gruppen:

_____

_____

c) Verstoß eines Staates:

_____

_____

Du hast es bestimmt irgendwie gefühlt: Nicht nur Staaten, Volksgruppen oder Familienangehörige scheinen nichts von der Goldenen Regel zu wissen. In deinem Schulalltag gibt es zwischen einzelnen Schülerinnen und Schülern häufig Konflikte – Verstöße gegen die Goldene Regel. Oft ist es so, dass Schüler A den Schüler B ... Du kennst Beispiele genug!

Wenn es dann zu einem Gespräch mit den beteiligten Schülern und Lehrern kommt, hören wir Ausflüchte wie „ich wollte doch nur ..." oder den Versuch einer Rechtfertigung „der hat mich auch mal ..."

Jetzt sind wir wieder beim Text oben angelangt – und gleichzeitig bei der altägyptischen Regel. Aber es bleibt bei diesem Problem: Es ist nicht immer so deutlich, was Menschen unter gut und böse, unter richtig oder falsch verstehen wollen.

Diese Frage beantwortet der chinesische Philosoph Konfuzius (551 – 479 v. Chr.) so:

> Die Richtschnur deines Handelns
> sei gegenseitige Rücksichtnahme.
> Was man mir nicht antun soll,
> will ich auch nicht anderen Menschen zufügen.

3 Was ist Ethik?

Aufgabe 3: Die Goldene Regel der Ägypter und die Richtschnur des Konfuzius klingen beim ersten Lesen und Hinhören gleich. Sie sind es aber nicht. Erkläre den Unterschied.

EA

_____

_____

Aufgabe 4: Lies noch einmal den Text im Kasten auf Seite 21. Nun weißt du etwa, warum Menschen so handeln sollten, wie es die Alten Ägypter und Konfuzius sagen.
Schreibe in wenigen Sätzen auf, warum die Menschen sich den beiden Regeln gemäß verhalten sollten.

EA

_____

_____

_____

Aufgabe 5: Vor etwa 1000 Jahren behauptete der Gelehrte Ibn Sina (980–1037):

EA

> „Der Mensch unterscheidet sich von anderen belebten Wesen dadurch, dass er nicht sein Leben allein führen kann. Er braucht Gefährten, die ihn in Bezug auf die notwendigen Dinge des täglichen Lebens helfen. Der Mensch muss also unterstützt werden durch andere, die der gleichen Art angehören. Aber auch diese werden wiederum durch die ersten unterstützt."

Schreibe zu diesem Text des Ibn Sina Beispiele auf, die sich auf folgende Lebensbereiche beziehen:

a) Menschen müssen sich ernähren: _____

_____

b) Menschen müssen lernen: _____

_____

c) Menschen wohnen: _____

_____

d) Menschen arbeiten: _____

_____

3 Was ist Ethik?

Du hast natürlich bis hierher alles verstanden. Vielleicht hast du auch einen Augenblick lang daran gedacht, dass die oben genannten Lebensbereiche nicht völlig konfliktfrei sind. Offenbar sind Menschen zwar (meist) recht klug, aber nicht alle sind klug genug, um wie im Paradies zu leben.

Aufgabe 6: *Denke darüber nach, wie menschliche Unzulänglichkeit zu Problemen führen kann – durch die es nicht überall gelingt, das Leben zufrieden stellend zu gestalten. Eine Zeitung und die Abbildungen oben können dir helfen, einige Fehler stichwortartig zu notieren.*

➲ **Ernährung** _____

_____

➲ **Lernen** _____

_____

➲ **Wohnen** _____

_____

➲ **Arbeiten** _____

_____

3 Was ist Ethik?

Wie es zu solchen Fehlern kommt, und vor allem, wie man sie vermeidet, konnte man schon vor vielen hundert Jahren in der indischen Philosophie lernen:

> Sechs der Fehler meide hier auf Erden,
> willst des Glückes du teilhaftig werden:
> Jähzorn, Trägheit und Verdrossenheit,
> Schlafsucht, Furcht und Unentschlossenheit.

 Aufgabe 7: a) *Einige dieser Begriffe werden nicht oft gebraucht. Sprecht darüber.*

b) *Nachdem ihr nun wisst, was man vermeiden sollte um glücklich zu werden, folgen Rollenspiele. Solche Spiele sind nicht einfach. Man muss ja zugeben, sich manchmal „unmöglich" verhalten zu haben.*

Der Unentschlossene
Personen und Zubehör: Schüler, Mutter oder Vater, Tisch mit Schulsachen.
Die Handlung: Euer Mitschüler versetzt sich in die Rolle des Unentschlossenen. Er bekommt den Dreh nicht, sich an die Hausaufgaben zu setzen. Er druckst herum und findet Ausreden und Entschuldigungen, wenn Vater oder Mutter auf Erledigung der Aufgaben drängt.

Bevor ihr mit dem Spiel beginnt, beachtet noch Folgendes:
- Solche Rollenspiele können sehr lustig wirken. Das liegt auch daran, weil sie uns an unser eigenes Verhalten in solchen Situationen erinnern. Es soll auf keinen Fall gelacht, dazwischen geredet oder applaudiert werden. Zum Rollenspiel gehört meist eine gehörige Portion Mut. Es geht niemals darum, sich als supertollen Schauspieler zu produzieren. Dafür gibt es andere Projekte in der Schule.

Nun zum Spiel:
- Mutter/Vater droht nicht, macht keine Vorwürfe, sondern argumentiert mit Schulerfolg und späterem Erfolg im Beruf.
- Schüler fühlt sich nicht angegriffen, wird also nicht aggressiv.
- Schüler beginnt irgendwann mit der Arbeit. Vater/Mutter ist zufrieden und geht aus dem Raum.
- Schüler atmet auf, hört auch mit der Arbeit auf. Sitzt tatenlos herum, sieht umher.
- Schüler denkt jetzt laut z.B. „Ich krieg den Dreh nicht. Die Aufgaben sind ... und ich ... Am liebsten möchte ich ... Was soll ich tun, welche Möglichkeiten habe ich (zählt welche auf).

Für die weiteren Rollenspiele braucht ihr keine Vorgaben mehr. Spielt sie in Ruhe und mit wechselnden Schülern. Damit diese Spiele nicht zur Routine werden und schnell „abgearbeitet" werden, reicht ein Rollenspiel im Abstand von zwei Tagen.

3 Was ist Ethik?

Was wir falsch machen können wissen wir längst. Die Frage ist aber, was wir statt der Fehler machen sollen. Einfach nur die Fehler nicht? Das wäre kein guter Vorschlag. Das kennen wir aus dem Schulalltag. Da hatte das Häschen eine bessere Idee.

> Macht verleiht uns der Verstand,
> machtlos ist, wer ihn verloren.
> Wie das Häschen überwand
> dort den Leu, den stolzen Toren.
> (Hitopadesa S. 89)

*Zur Erklärung: „Leu" ist ein anderes Wort für Löwe.
Und ein Tor ist ein Tölpel, ein Dummkopf.*

Aufgabe 8: a) Wie das Häschen den Löwen überwand schildert diese Erzählung:

Auf dem Berge Mandara wohnte ein Löwe, der hieß Grimmig. Und dieser Löwe mordete fortwährend die Tiere.
Da kamen die Tiere zu einer Beratung zusammen und ließen dem Löwen sagen: „Warum tötet ihr alles Wild? Lieber wollen wir euch zu eurer Nahrung täglich ein Tier schicken."
Der Löwe sagte, „ich bin`s zufrieden!" Also schickten sie ihm alle Tage ein Tier. Da kam nun die Reihe an einen alten Hasen. Dieser ließ sich aber auf dem Weg zum Löwen sehr viel Zeit. Den Löwen peinigte der Hunger, und zornig fuhr er den Hasen an: „Warum kommst du so spät?" Der Hase erwiderte: „Meine Schuld ist es nicht. Ein anderer Löwe hat mich unterwegs aufgehalten. Ich habe ihm schwören müssen zurückzukehren. Ich bin jetzt nur gekommen, um dir das zu melden." Da wurde der Löwe noch zorniger und rief: „Gleich kommst du mit und zeigst mir, wo der Schurke ist!" Der Hase führte ihn an einen alten Brunnen. Der Hase sagte: „Geruhe der Herr zu kommen und zu sehen." Er zeigte dem Löwen im Wasser des Brunnens dessen Spiegelbild. Geschwollen vor Wut und von seinem Stolz getrieben stürzte sich der Löwe auf das Spiegelbild hinab und musste sterben.

3 Was ist Ethik?

b) *In dieser Erzählung erkennst du verschiedene Gefühle.*

Der Löwe war ✎ _____

_____

Der Hase war _____

_____

c) *Beim Löwen hatte der Verstand offenbar ausgesetzt, seine Gefühle wurden stärker. An welcher Textstelle erkennst du das?*

_____

_____

_____

d) *Der Hase ist „über sich hinaus gewachsen".*
An die Stelle seiner großen Furcht setzte er den Verstand ein.
An welcher Textstelle erkennst du das?
Unterstreiche sie farbig.

Aufgabe 9: *Dass der Verstand oder die Einsicht über Gefühle siegen kann, kennt ihr bestimmt selber aus vielen Situationen, die ihr erlebt oder erzählt bekommen habt. Berichtet gegenseitig.*

Vielleicht helfen euch auch diese Stichwörter:

> Scheiß gemacht – zerstört – geklaut – geraucht –
> keine Aufgaben – erwischt – nicht erwischt – gelogen
> – zugegeben – geschwiegen – später gebeichtet –
> entschuldigt – zurückgegeben – gutgemacht
> – abgeschrieben –

3 Was ist Ethik?

Es hat sich bis jetzt so angehört, als wären Gefühle etwas, das durch den Verstand überwunden werden müsste. Das ist so nicht richtig. Niemand wird sagen, dass man Mitgefühl oder Mitleid mit Hilfe des Verstandes ausschalten sollte.
Gäbe es nicht das starke Gefühl der Zuneigung, wäre die Menschheit längst ausgestorben.

Aufgabe 10: a) *Lies beide Zeitungsmeldungen sorgfältig.*

Mädchen rettet Kleinkind vor dem Ertrinken
Das entschlossene Einschreiten einer zwölfjährigen Schülerin hat einem kleinen Jungen aus Südhessen das Leben gerettet. Das Mädchen hatte am Samstagmittag in einem Freibad den leblosen Körper eines Vierjährigen in einem Nichtschwimmerbecken entdeckt und ihn sofort an die Wasseroberfläche gezogen, wie die Polizei mitteilte. Ein Badegast half dem Mädchen, den bereits blau angelaufenen Jungen aus dem Wasser zu holen, hieß es weiter. Ein Bademeister habe ihn wiederbelebt. Der Junge sei mit einem Rettungshubschrauber ins Krankenhaus gekommen, schwebe aber nicht in Lebensgefahr.
Laut Polizeiangaben hatte sich der Vierjährige offensichtlich alleine vom Plantschbecken entfernt, in dem er gemeinsam mit seiner Mutter und einem weiteren Kleinkind gewesen war. Wie das Unglück passierte – ob er anschließend in das nahegelegene Schwimmbecken gefallen oder gesprungen ist, war zunächst unklar. Die Polizei sucht weitere Zeugen.

Junge Frau fährt nach Streit ihren Freund an
Eine junge Frau aus Niederbayern hat in München nach einem Streit ihren Freund mit dem Auto umgefahren und dabei leicht verletzt. Das Paar hatte laut Polizei eine Auseinandersetzung. Plötzlich sei die 21-Jährige in ihr Auto gestiegen und losgefahren. Ihr 26 Jahre alter Freund sei hinterhergerannt und habe auf des Auto eingeschlagen. Daraufhin habe die Frau angehalten, zurückgesetzt und den Partner umgefahren. Dabei sei der Mann an beiden Beinen verletzt worden.

b) *In diesen beiden Fällen war der Verstand weitgehend ausgeschaltet. Im ersten Fall musste der Verstand des Mädchens nur noch sagen: Ich bin in der Lage zu helfen, ich kann sofort selber etwas tun. Aber dass das Mädchen retten wollte, war in keiner Sekunde unklar.
Auch im Fall der 21-Jährigen gab es starke Gefühle und einen geringeren Anteil an Verstand. Lies die Meldung noch einmal und schreibe das Gefühl auf – und das bisschen Verstand, das für die Tat erforderlich ist.*

4 Schämst du dich denn nicht?

Hast du kein schlechtes Gewissen?

Das sagen Eltern, andere Verwandte, Erzieher oder Lehrer, wenn sie unser Verhalten bewerten. Es war wohl nicht in Ordnung, was wir da angestellt hatten.
Manchmal werden wir dann verlegen. Wir wissen ja, dass unser Verhalten nicht ok war. Aber das haben wir auch gewusst, bevor wir darauf angesprochen wurden.
Es gibt also in uns eine „Stelle", die vergleicht und bewertet, ob ein Verhalten ok war oder nicht.

Damit du dir diese „Stelle" vorstellen kannst, ist sie hier als Tabelle aufgeführt.

Gewissen
Das Gewissen vergleicht und bewertet Verhalten zwischen ok und nicht ok.

so soll ich, soll mein Verhalten sein	aber so bin ich/ist es oft
fleißig	lustlos, uninteressiert
freundlich	aggressiv

Aufgabe 1: Oben sind noch Zeilen frei. Einigt euch auf häufiges und typisches Verhalten in Familie, Schule oder Hort und tragt sie ein.

4 Schämst du dich denn nicht?

Aufgabe 2: a) *Du kannst nun das nächste Blatt zum Thema Gewissen ausfüllen.*

Gewissen

Trage in die rechte Spalte ein, was zutrifft: — *stimmt – nein – nie – selten – immer – manchmal*

Ich habe ein gutes Gewissen.	
Ich habe ein schlechtes Gewissen.	
Ich weiß, wie ich mich verhalten muss.	
Wenn ich mich falsch verhalten habe, schäme ich mich.	
Dann fühle ich mich nicht wohl.	
Dann fühle ich mich trotzdem wohl.	
Wenn ich mich falsch verhalten habe, mag man mich nicht mehr.	
Wenn ich das merke, werde ich traurig.	
Wenn ich das merke, werde ich aggressiv.	
Ich mag mich dann selber nicht.	
Ich denke darüber nach, ob ich Schuld habe.	
Ich schaffe es, meine Schuld einzugestehen und mich zu entschuldigen.	
Es tut mir leid, wenn ich mich falsch verhalten habe.	
Ich denke, dass ich es nie schaffe, mich richtig zu verhalten.	
Wenn ich mein falsches Verhalten einsehe, fühle ich mich schwach.	
Ich bekomme mehr Zuwendung und Aufmerksamkeit, wenn ich mich falsch verhalte.	
Ich möchte mein falsches Verhalten nicht einsehen.	
Ich möchte am liebsten bestraft werden, wenn ich mich falsch verhalten habe.	

b) *Anschließend tauscht ihr eure Eintragungen im Gespräch aus. Das bedeutet: vergleichen und Situationen berichten, die der Eintragung entsprechen. So erfahrt ihr voneinander, wie jeder von euch eine Situation bewertet und wie er sich fühlt.*

5 Wie entsteht ethisches Verhalten?

Als du kein Baby mehr warst, begann bei dir die Entwicklungsphase der frühen Kindheit. Und damit wurden die Einflüsse auf dein ethisches Verhalten sehr stark:

- Immer mehr Menschen traten in dein Leben ein und
- deine Sprache wurde immer umfangreicher.

Durch diese Einflüsse und Möglichkeiten wird die ethische Entwicklung eines Kindes stark bereichert.

Aufgabe 1: a) *Überlegt gemeinsam: Welche Menschen treten in dieser Lebensphase in das Leben eines Kindes ein? Es muss sich ja um Personen handeln, die davor nicht so wichtig waren, die es für das Kind noch gar nicht gab.*

b) *Etwas suchen und finden geht am besten in der Gruppe. Schreibt zehn Beispiele dafür auf, wie sich der Wortschatz des Kindes entwickelt/erweitert. Was lernt es jetzt sprechen?*

5 Wie entsteht ethisches Verhalten?

In der frühen Kindheit lernt das Kind nicht nur sprechen, es lernt auch, viele Wörter und ihre Bedeutung zu verstehen. Ein Kind hat gelernt, was das Wort NEIN bedeutet – und nicht diesen oder jenen Gegenstand anzufassen. Das lernt es aber nur, wenn das Wort mit entsprechender Lautstärke gesagt wird. Gleichzeitig wird das Kind vom Erwachsenen einfach gegriffen und weggestellt: „Jetzt spielst du schön mit deinem Auto."
Vielleicht sagt der/die Erwachsene noch: „Da ist AUA." Das wird natürlich nur verstanden, wenn das Kind weiß, was AUA bedeutet. Und die Bedeutung wird es wahrscheinlich gelernt haben in Verbindung mit einem Sturz und einer Schürfwunde am Knie.

c) *Tragt zusammen, was ihr über eure sprachliche Entwicklung aus der Erinnerung wisst. Vielleicht haben eure Eltern einmal darüber berichtet? Oder ihr habt Beobachtungen an jüngeren Geschwistern und an anderen Kindern gemacht.*

_____
_____
_____

NEIN und AUA sind für das Kind Lautgebilde, die bald zu einem Begriff für „schlecht" oder für „falsch" werden. Das Kind versteht dann auch, dass man ein bestimmtes Verhalten nicht gern sieht, es also missbilligt.
Ethische Entwicklung wird aber nicht nur durch Missbilligung, sondern auch durch Billigung gefördert. Man gibt dem Kind zu verstehen, dass man sein friedliches Spiel mag: „Du spielst ja so schön/so lieb mit dem Bärchen." Stimme und Mimik der Erwachsenen sind dabei ruhig und freundlich.
Wenn das Kind dieses Verhalten der Erwachsenen oder anderer Personen in verschiedenen Situationen wahrnimmt, lernt es: Das habe ich gut gemacht, jetzt war ich lieb, so mag man mich.

d) *Einigt euch zu dieser Entwicklung auf wenigstens fünf stichwortartige Eintragungen aus dem eigenen Erleben oder aus Beobachtungen.*

_____
_____

5 Wie entsteht ethisches Verhalten?

e) Nicht alle Kinder bleiben bis zur Einschulung nur in der Familie. Oft wachsen sie für einige Zeit am Tag mit oder bei anderen Menschen auf.
Welche dieser Möglichkeiten kennt ihr?

_____

_____

_____

Eine Familie ist eine Gruppe. Die gefühlsmäßigen Bindungen an diese Gruppe lockern sich etwas, wenn das Kind zeitweise in einer anderen Gruppe lebt – in der Gruppe Gleichaltriger im Kindergarten. Später lebt es in der Gruppe Gleichaltriger in der Schule. Die Gleichaltrigen, Gruppenleiter und Lehrer haben nun starken Einfluss auf die ethische Entwicklung.

Im Wettbewerb und im Zusammenwirken/in der Zusammenarbeit mit anderen Kindern/Gleichaltrigen wird das Kind sich selbst bewusst.
Es lernt
- sich selbst zu behaupten und
- sich zu unterwerfen,
- aggressiv zu sein,
- friedlich zusammenarbeiten und
- vielleicht sich zu fügen.

 Aufgabe 2:

a) Das Kind wird sich „seiner selbst bewusst."
Was versteht ihr darunter? Was könnt ihr darüber aus eigenem Erleben berichten?

b) Das Kind lernt sich zu behaupten. Wie kann das in einer Kindergartengruppe aussehen? Und wie in einem ersten Schuljahr?

c) Was geschieht, wenn sich ein Kind unterwirft?
Welche Situationen fallen euch hierzu ein?

5 Wie entsteht ethisches Verhalten?

d) „Aggressiv sein" kann zum Problem werden. Waren aggressive Kinder auch schon in ihrer Familie aggressiv, oder lernen sie das Verhalten in den Gruppen des Kindergartens oder der Schule? Was könnt ihr hierzu austauschen?

e) Die erstaunten Klagen der Eltern hat man oft gehört: „Immer diese Wörter, das hat das Kind im Kindergarten aufgeschnappt." Was fällt euch dazu ein?

f) Ihr wisst bestimmt auch darüber zu berichten, dass und wie ihr mit euren Gleichaltrigen zufrieden zusammen gespielt/gelernt habt.

g) Welche Situationen könnt ihr berichten, die etwas mit „sich fügen" zu tun haben?

Das Kind macht im Alltag seiner verschiedenen Gruppen die Erfahrung, dass Konflikte (Streitigkeiten) und Kooperation (friedliches Zusammensein, spielen, lernen) rasch wechseln. Dann muss das Kind manchmal nachgeben oder sich selbst behaupten. Zu Beginn dieser Erfahrungen sind Worte häufig kaum nötig. Das Kind braucht nur still zu sein und sich der gemeinschaftlichen Aufgabe oder dem gemeinsamen Spiel anzuschließen.

Aber es gibt auch Augenblicke, wo ein Kind sich zur Selbstbehauptung oder zur Aggression und Feindseligkeit gezwungen sieht.

 Aufgabe 3: a) Berichtet in der Gruppe von solchen Erlebnissen und überlegt:

- Wie kam es zum Konflikt?
- Wie hast du dich verhalten?
- Wie haben die anderen Kinder darauf reagiert?
- Wie haben die Erwachsenen reagiert?

Vielleicht habt ihr etwa das berichtet:
Das Kind merkt/lernt allmählich, dass sich direktes Handeln (zupacken, schlagen, stoßen) immer weniger lohnt. Dieses Verhalten wird nämlich von denen abgelehnt, die für das Kind wichtig sind. Dann wird dem Kind klar, dass körperliche Aggressivität kein gutes Mittel ist, um auf andere einzuwirken. Es erkennt auch, dass Sprechen dazu ein wesentlich besseres Mittel ist. Und schließlich findet das Kind, dass ihm die Sprache dazu verhilft, Freundschaft zu knüpfen, guten Willen zu zeigen und erfolgreich an gemeinsamen Tätigkeiten teilzunehmen.

5 Wie entsteht ethisches Verhalten?

b) *Berichtet über Situationen dieser Entwicklung:*

- *Ihr habt vielleicht ein Kind geschlagen oder getreten. Der Gruppenleiter/Lehrer hat den Konflikt beendet und mit euch gesprochen. Was wurde dann sinngemäß gesagt?*
- *Wie habt ihr euch bei diesem Gespräch gefühlt?*
- *Habt ihr euch danach anders verhalten?*

Vielleicht habt ihr nach Streitigkeiten von Erwachsenen den Satz gehört:

> Was du nicht willst, was man dir tu,
> das füg auch keinem anderen zu.

c) *Solche Sätze sind schnell gesagt. Glaubt aber nicht, dass sie auch so schnell mit Inhalt gefüllt werden können.*

- *Wie wollt ihr auf gar keinen Fall behandelt werden?*
- *Überlegt auch, von wem ihr so nicht behandelt werden wollt.*

Es macht schließlich einen Unterschied, ob man ein Schimpfwort von einem Mitschüler hört oder von ...

d) *Aber anders herum: Wie wollt ihr behandelt werden?*

- *Was soll man für euch tun?*
- *Was soll man mit euch tun?*
- *Wer soll dich so behandeln?*

Aufgabe 3:
EA

a) *Du hast viel darüber nachgedacht, was für dich und deine Mitmenschen gut ist – wie sich alle verhalten sollten. Was man tun oder was man lassen sollte.*
Damit sich das alles noch besser einprägt, kannst du nun ein Kästchen basteln, in dem du Kärtchen mit klugen Sprüchen/ Sätzen sammeln kannst.

Und so geht´s:
Schneide die Bastelvorlage auf der Seite 37 aus. Kopiere sie auf Tonkarton. Die gestrichelten Linien werden am Lineal entlang mit dem Rücken einer Haushaltsschere gefalzt, dann nach innen geknickt. Die vier Klebelaschen ebenfalls falzen und nach innen knicken. Die Flächen zu einem Kästchen falten und zusammenkleben.

Du brauchst dazu:
- Tonkarton
- Schere
- Kleber

5 Wie entsteht ethisches Verhalten?

Bastelvorlage Sprüchekästchen

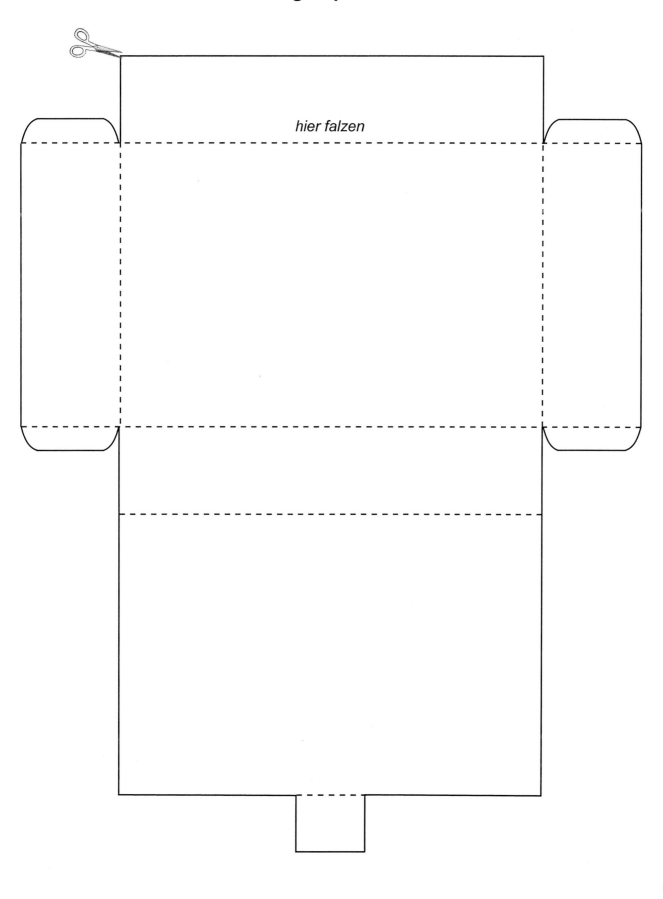

hier falzen

5 Wie entsteht ethisches Verhalten?

Anleitung Sprüchekärtchen

Du siehst hier Beispiele von beschrifteten Kärtchen:
Auf der linken Seite wurde jeweils eine kleine getrocknete Pflanze aufgeklebt.
Du kannst auch kleine Laubblätter mit einem Tropfen Alleskleber aufkleben.
Die Blätter müssen aber vorher getrocknet werden.
Dazu legst du zwischen mehrere Zeitungsblätter einige Blätter. Auf die Zeitung legst du einen schweren flachen Gegenstand, zum Beispiel ein dickes Buch. Nach einigen Tagen sind die Blätter getrocknet und ganz flach.
Die Kärtchen sollten aus Tonpapier sein (ca. 6 cm x 10 cm).
Du kannst nach diesen Beispielen die Kärtchen in deiner schönsten Schrift beschriften. Denke daran, Platz für das Pflanzenblatt zu lassen.
Wenn du die Eintragungen liest, erkennst du den Zusammenhang mit unserem Thema.

Wie können wir das beste und rechtschaffenste Leben führen? Dadurch, dass wir das, was wir bei anderen tadeln, nicht selbst tun.
(Thales, griech. Philosoph)

Worüber du beim Nächsten unwillig wirst, das tue selbst nicht!
(Pittakos, griech. Weiser)

Was ich dem Nächsten zum Vorwurf mache, werde ich selber nach Kräften nicht tun.
(Herodot, griech. Geschichtsschreiber)

6 Lass' dir nichts gefallen, wehr' dich doch!

Muss man sich provozieren lassen?
Wir wissen es alle, unsere Eltern und auch andere Erwachsene helfen uns, ethisches Verhalten zu lernen. Jedenfalls wollen sie dabei helfen.
Leider gelingt das nicht immer. Das liegt vielleicht und manchmal daran, dass sie selber keine geeignete Erziehung erfahren haben.

Ibrahim war in fast allen Pausen in Streitereien verwickelt. Im Gespräch mit den Streithähnen und den Lehrern beklagten sich Ibrahims Mitschüler stets, er habe sie beleidigt. Wenn dann die ersten Tätlichkeiten ausgetauscht wurden, schlug Ibrahim sofort und heftig zu. „Mein Vater hat auch gesagt, ich soll mir nichts gefallen lassen."

Einer der ärgsten Kontrahenten war Philip. Sobald Ibrahim ihn nur ansah, fühlte Philip sich provoziert: „Guck nicht so blöd, guck weg." „Wieso, ich kann hingucken wohin ich will." Auf Schubsen und Treten folgten schließlich Faustschläge und Würgegriffe.

Aufgabe 1: a) *Ihr kennt vielleicht ähnliche Situationen. Sprecht über den Text oben und über eure Erlebnisse oder Beobachtungen.*

- *Ibrahim: Erst reizt er seine Mitschüler bis zur Weißglut. Und wenn sie sich dann auf Ibrahim stürzen, hat der angeblich den Vater auf seiner Seite. Was haltet ihr vom Rat des Vaters?*
- *Philips Reaktion „guck nicht so blöd" kommt immer noch häufig vor. Aber: Wie hätte er sich in dieser Situation verhalten sollen?*

Einer der Lieblingsorte Ibrahims war nachmittags der Bahnhofsvorplatz. Hier traf er mit Freunden zusammen. Man palaverte und trank Cola. An einem dieser Nachmittage tauchte plötzlich Ibrahims Vater auf und beschimpfte die Freunde Ibrahims: „Weg hier, weg hier." „Wir können doch hier stehen, wir machen doch nichts." „Weg hier, ihr klaut mein Geld, und du (zu Ibrahim) kommst jetzt mit."
Die Freunde drückten sich zur Seite und Ibrahim schlich in gehörigem Abstand hinter seinem Vater her. Der lief mit einem Male zu Ibrahim zurück und versetzte ihm mehrere Schläge an den Kopf. Dabei beschimpfte er ihn wegen seines schlechten Umgangs. Ibrahim duckte sich wie ein geprügelter Hund. So ging das immer weiter, bis sie zu Hause angelangt waren.

b) *Das hat sich übrigens wirklich so abgespielt (nur die Namen wurden verändert) – und alles auf offener Straße, mitten in einem bewohnten Stadtteil! Tauscht euch aus über diese Punkte:*
- *Eltern sind Vorbilder für ihre Kinder.*
- *Ibrahim hätte doch den angeblichen Rat seines Vaters befolgen können – oder?*

6 Lass'dir nichts gefallen, wehr'dich doch!

c) Wir sind jetzt wieder bei Philip. Ihr habt überlegt, wie er sich in der geschilderten Situation hätte verhalten können oder sollen. So etwas ist leicht gesagt.
Das folgende Rollenspiel hilft vielleicht weiter.

Die Personen: Ibrahim, Philip, alle Schüler eurer Klasse, Lehrer
Situation: Ibrahim und Philip sitzen so, dass sie sich ohne weiteres ansehen können. Alle Schüler lesen in einem Buch, der Lehrer sitzt an seinem Tisch und trägt etwas ein oder korrigiert oder liest ebenfalls.

Die Handlung:
1. Ibrahim liest wenig. Er versucht Blickkontakt zu Philip aufzunehmen. Der bemerkt das zwar, reagiert aber nicht, sondern liest konzentriert weiter.
2. Jetzt schlägt Ibrahim wie aus Versehen mit der flachen Hand auf seinen Tisch. Einige Mitschüler erschrecken sich und bitten um Ruhe. Philip reagiert auch jetzt nicht. Lehrer: „Ibrahim!"
3. Ibrahim schlägt nach etwa 20 Sekunden fester und lauter auf den Tisch. Entrüsteter Protest einiger Mitschüler. Philip sieht Ibrahim freundlich grinsend an und nickt ihm zu. Lehrer: „Jetzt reichts aber!"

d) Überlegt:
- Kann Philip jetzt wie früher reagieren „Guck nicht so blöd!"?
- Was könnte in Philip vorgehen, wie könnte er sich fühlen, was könnte er denken?

e) Fortsetzung des Rollenspiels:

Die Handlung:
4. Nach dem letzten heftigen Schlag wendet der Lehrer sich Ibrahim freundlichst zu: „Donnerwetter, das war aber eine tolle Leistung. Fühlst du dich jetzt gut?"
5. Nach dem letzten Schlag stehen alle Mitschüler auf, umringen Ibrahim und reden durcheinander auf ihn ein: „Super, was du dich alles traust, das hätten wir dir nie zugetraut" usw..
6. Nach dem letzten Schlag sind alle Mitschüler ruhig und lesen/arbeiten weiter. Der Lehrer bittet Ibrahim, noch einmal auf den Tisch zu schlagen. Wenn er das ablehnt, redet der Lehrer ihm zu: „Komm, sei kein Frosch, kein Feigling, du schaffst das."
7. Wenn Ibrahim wieder auf den Tisch haut, gibt sich der Lehrer enttäuscht, „das war alles? Das hab ich schon mal besser gehört, los noch einmal." Das wird noch dreimal durchgespielt.

f) Alle reagieren für Ibrahim unerwartet, er hat seine Ziele nicht erreicht. Aber zweifellos verhalten sich der Lehrer und die Mitschüler ironisch. Es gibt also ein Für und Wider zu überlegen. Haltet ihr die verschiedenen Maßnahmen im Sinne einer ethischen Erziehung für geeignet? Überlegt nicht nur Meinungen, sondern auch Begründungen dazu.

7 Vom Wünschen

Wie realistisch sind meine Wünsche?
Es ist nicht so ganz einfach, das Beste für sich und seine Mitmenschen zu finden. Und was man vermeiden sollte, ist auch schwer zu sagen.

Aufgabe 1: a) *Wir tun mal so wie im Märchen: Du bekommst drei Wünsche erfüllt, die sich nur auf dich beziehen. Schreibe sie hier auf.*

b) *Manche Wünsche sagen auch, was nicht geschehen soll. Schreibe hier drei solcher Wünsche auf.*

Aufgabe 2: a) *Sprecht über eure Wünsche in der ersten Aufgabe.*
- *Welche sind wirklich wichtig für euch?*
- *Auf welche Wünsche könnte man eigentlich verzichten?*
- *Geht die Welt unter, wenn man einen der Wünsche nicht erfüllt bekommt? Und was würde geschehen, wenn sie sicher erfüllt würden?*

b) *Sprecht auch über die Wünsche in der zweiten Aufgabe und versucht, euch auf drei Wünsche zu einigen.*

c) *Sprecht darüber, welche Wünsche ihr vor zwei Jahren aufgeschrieben hättet.*

d) *Wodurch haben sich eure Wünsche geändert?*

e) *Stell' dir vor, dass du zehn Jahre älter wärst. Welche drei Wünsche wären dann vielleicht für dich wichtig?*

f) *Einigt euch auf drei Wünsche.*

Seite 41

7 Vom Wünschen

Aufgabe 3: a) *Lies das folgende Märchen. Denke beim Lesen aber immer wieder an das, was ihr über eure Wünsche gedacht und aufgeschrieben habt.*

Drei Wünsche

Johann Peter Hebel

J. P. Hebel

Ein junges Ehepaar lebte recht vergnügt und glücklich beisammen, und hatte den einzigen Fehler, der in jeder menschlichen Brust daheim ist: Wenn man's gut hat, hätt' man's gerne besser.
Aus diesem Fehler entstehen so viele törichte Wünsche, woran es unserm Hans und seiner Lise auch nicht fehlte. Bald wünschten sie des Schulzens Acker, bald des Löwenwirts Geld, bald des Meyers Haus und Hof und Vieh, bald Einmal hunderttausend Millionen bayerische Thaler kurzweg. Eines Abends aber als sie friedlich am Ofen saßen und Nüsse aufklopften, und schon ein tiefes Loch in den Stein hineingeklopft hatten, kam durch die Kammerthür ein weißes Weiblein herein, nicht mehr als einer Elle lang, aber wunderschön von Gestalt und Angesicht, und die ganze Stube war voll Rosenduft. Das Licht löschte aus, aber ein Schimmer wie Morgenroth, wenn die Sonne nicht mehr fern ist, strahlte von dem Weiblein aus, und überzog alle Wände. Über so etwas kann man nun doch ein wenig erschrecken, so schön es aussehen mag.
Aber unser gutes Ehepaar erholte sich doch bald wieder, als das Fräulein mit wundersüßer silberreiner Stimme sprach: „Ich bin eure Freundin, die Bergfee, Anna Fritze, die im kristallenen Schloss mitten in den Bergen wohnt, mit unsichtbarer Hand Gold in den Rheinsand streut, und über siebenhundert dienstbare Geister gebietet. Drei Wünsche dürft ihr tun; drei Wünsche sollen erfüllt werden." Hans drückte den Ellenbogen an den Arm seiner Frau, als ob er sagen wollte: Das lautet nicht übel. Die Frau aber war schon im Begriff, den Mund zu öffnen, und etwas von ein paar Dutzend goldgestickten Hauben, seidenen Halstüchern und dergleichen zur Sprache zu bringen, als die Bergfee sie mit aufgehobenem Zeigefinger warnte: Acht Tage lang, sagte sie, habt ihr Zeit. Bedenkt euch wohl, und übereilt euch nicht. Das ist kein Fehler, dachte der Mann, und legte seiner Frau die Hand auf den Mund. Das Bergfräulein aber verschwand. Die Lampe brannte wie vorher, und statt des Rosendufts zog wieder wie eine Wolke am Himmel der Öldampf durch die Stube.

- 1 -

7 Vom Wünschen

So glücklich nun unsere guten Leute in der Hoffnung schon im Voraus waren, und keinen Stern mehr am Himmel sahen, sondern lauter Bassgeigen; so waren sie jetzt doch recht übel dran, weil sie vor lauter Wunsch nicht wussten, was sie wünschen wollten, und nicht einmal das Herz hatten, recht daran zu denken oder davon zu sprechen, aus Furcht, es möchte für gewünscht passieren, ehe sie es genug überlegt hätten. Nun sagte die Frau: Wir haben ja noch Zeit bis am Freitag.

Des andern Abends, während die Kartoffeln zum Nachtessen in der Pfanne prasselten, standen beide, Mann und Frau, vergnügt an dem Feuer beisammen, sahen zu, wie die kleinen Feuerfünklein an der rußigen Pfanne hin und her züngelten, bald angingen, bald auslöschten, und waren, ohne ein Wort zu reden, vertieft in ihrem künftigen Glück. Als sie aber die gerösteten Kartoffeln aus der Pfanne auf das Plättlein anrichteten, und ihr der Geruch lieblich in die Nase stieg, sagte sie: „Wenn wir jetzt nur ein gebratenes Würstlein dazu hätten" in aller Unschuld, und ohne an etwas anders zu denken, und – o weh, da war der erste Wunsch getan. – Schnell wie ein Blitz kommt und vergeht, kam es wieder wie Morgenrot und Rosenduft untereinander durch das Kamin herab, und auf den Kartoffeln lag die schönste Bratwurst. – Wie gewünscht, so geschehen. – Wer sollte sich über einen solchen Wunsch und seine Erfüllung nicht ärgern? Welcher Mann über solche Unvorsichtigkeit seiner Frau nicht unwillig werden? „Wenn dir doch nur die Wurst an der Nase angewachsen wäre", sprach er in der ersten Überraschung, auch in aller Unschuld, und ohne an etwas anders zu denken – und wie gewünscht, so geschehen. Kaum war das letzte Wort gesprochen, so saß die Wurst auf der Nase des guten Weibes fest, wie angewachsen im Mutterleib, und hing zu beiden Seiten hinab wie ein Husaren-Schnauzbart.

Nun war die Not der armen Eheleute erst recht groß. Zwei Wünsche waren getan und vorüber, und noch waren sie um keinen Heller und um kein Weizenkorn, sondern nur um eine böse Bratwurst reicher. Noch war ein Wunsch zwar übrig. Aber was half nun aller Reichtum und alles Glück zu einer solchen Nasenzierrat der Hausfrau? Wollten sie wohl oder übel, so mussten sie die Bergfee bitten, mit unsichtbarer Hand Barbierdienste zu leisten, und Frau Lise wieder von der vermaledeiten Wurst zu befreien. Wie gebeten, so geschehen, und so war der dritte Wunsch auch vorüber, und die armen Eheleute sahen einander an, waren der nämliche Hans und die nämliche Lise nachher wie vorher, und die schöne Bergfee kam niemals wieder.

– 2 –

b) *Worin bestand der Fehler von Hans und Lise?*

8 Sieben Regeln

Regeln schränken ein, aber sie haben auch viel zu bieten

 Aufgabe 1: *Du bist allein nicht lebensfähig – und glücklich machen oder glücklich werden ist unmöglich ohne deine Mitmenschen. Du bist für deine Mitmenschen aber ebenso wichtig, du bist Mitmensch. Deshalb ist es nicht egal, wie du dein Leben lebst. Auf jeden Fall ist es hilfreich und wichtig, einiges zu bedenken.*
Auch dazu ist es günstig, in der Gruppe zu denken, Erfahrungen auszutauschen und vielleicht sogar Einsichten zu bekommen.

Sieben Regeln

➲ Regel 1

Du hast einen Körper erhalten. Du magst ihn gesund erhalten oder ihn kaputt machen – aber so lange du lebst gehört er dir.

- *Den Körper gesund erhalten kann schwierig sein. Berichtet darüber. Habt ihr Erfahrungen damit, wie man seinen Körper kaputt machen kann? Oder könnt ihr von Gleichaltrigen berichten, die ihrem Körper ständig schaden?*

➲ Regel 2

Du wirst viele Erfahrungen machen. Dein Leben ist wie eine Ganztagsschule. Jeden Tag musst du dazulernen, egal, ob du diesen „Unterricht" gut oder schlecht, wichtig oder unwichtig findest.

- *Diesen Lernprozess kannst du dir am besten vorstellen, wenn du dir Erwachsene vorstellst. Ihr Leben und Handeln in Familie, Beruf und im Alltag überhaupt.*

➲ Regel 3

Es gibt keine Fehler, es gibt nur Lehren. Deine Entwicklung besteht aus dauernden Versuchen – die gelingen oder nicht gelingen.
Beides gehört dazu.

- *Ihr habt Erfahrungen mit Fehlern gemacht. Mit Fehlern im Diktat, beim Lesen oder in der Mathematik. Die waren bestimmt ärgerlich. Aber es gibt Fehlverhalten, das viel schlimmere Auswirkungen haben kann. Sprecht darüber und tauscht Erfahrungen aus.*

8 Sieben Regeln

➲ **Regel 4**

Das Lernen in deinem Leben hört nie auf. Es gibt keinen Lebensabschnitt, in dem nicht gelernt wird. So lange du lebendig bist, wirst du lernen.

- *Dieses Thema klang schon in der zweiten Regel an. Wahrscheinlich habt ihr dann an die vielen positiven Ergebnisse des Lernens im Alltag gedacht. Wir denken selten daran, dass man aus Fehlern lernen kann.*
  Lest hierzu den Rauschbericht einer 16-Jährigen:

„Ein Rausch ist grauenhaft. Erst hat man ein leichtes angenehmes Gefühl und ist in gehobener Stimmung. Später ist man in einem halbwachen Zustand. Man kann sich dann nicht mehr konzentrieren und keine Gespräche verfolgen. Dazu kommen Schwindel und Übelkeit bis man sich übergeben muss.
Am nächsten Tag fühlt man sich hundeelend, man hat Kopfschmerzen und schlecht ist einem immer noch. Man ist müde und ständig gereizt. Man kann sich nur bruchstückhaft an Gespräche erinnern oder an das, was man selber getan hat."

Nach Herzog F., Alkohol und Alkoholmissbrauch. In: Unterricht Biologie, Heft 16 12/1977 S. 44.

Hier folgt die Beobachtung in einer Fußgängerzone:

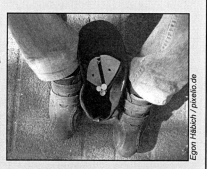

In der Fußgängerzone saßen zwei Obdachlose auf einer Bank. Neben sich hatte jeder eine Flasche Wein stehen. Die Männer unterhielten sich darüber, in welchem Geschäft dieser Rotwein preiswerter zu kaufen ist. Schließlich kamen sie überein, dass es günstiger ist, den Wein bei (Name eines Geschäftes) zu kaufen, zwanzig Cent sind schließlich auch Geld.

- *Hat nicht wenigstens einer der Männer gelernt, mit seinem wenigen Geld besser zu haushalten? Hat er wichtiges gelernt?*

Seite 45

8 Sieben Regeln

⊃ Regel 5

Was du dir wünschst, ist nicht besser als das, was du schon hast. Wenn du ein Ziel erreicht hast, wirst du dir ein neues Ziel suchen. Und das erscheint dir wieder besser als das, was du vorher schon erreicht hast.

- *Das klingt ja gerade so, als sei man unersättlich, und es sei falsch, dauernd nach neuen Zielen zu suchen. Es kommt doch sicher auf die Art der Ziele an, die man ansteuert. Jeden Monat neue Klamotten zu kaufen kann man sich vornehmen, aber vielleicht gibt es ja noch sinnvollere Ziele?*

  Tauscht euch hierzu aus. Sprecht aber auch über die kleinen Vorhaben des Alltags, ein Zimmer zu renovieren oder endlich das Fahrrad verkehrssicher machen usw..

⊃ Regel 6

Die anderen sind dein Spiegelbild: Du magst das an den anderen, was du an dir selber magst. Und was du an anderen nicht magst, magst du auch an dir nicht.

- *Hierüber nachdenken ist nicht einfach. Man müsste nämlich einige seiner Unarten vor sich selber zugeben. Du erlebst, wie ein Mitschüler sich völlig daneben verhält. In diesem Moment wird dir unangenehm deutlich, dass er dir den Spiegel vorhält – natürlich ohne es zu wollen.*

⊃ Regel 7

Was du aus deinem Leben machst, hängt von dir ab. Du hast alles, was du brauchst. Was du damit machst, ist einzig deine Sache.

- *Das hört sich nach sehr viel Verantwortung an. Hast du wirklich dein Schicksal so vollständig in der Hand?*
  Auf jeden Fall findet man eine gute Erklärung, wenn man nicht erfolgreich ist oder total unglücklich. Dann findet man die Ursache oder die „Schuld" bei anderen Menschen: „Der ist auf die falsche Bahn geraten, durch Freunde, die auch getrunken haben."

9 Ethisches Verhalten gegenüber Tieren?

Mit einem Zoobesuch oder einem Stubentiger ist es nicht getan

Du hast bis jetzt schon viel über ethisches Verhalten gelernt und gedacht. Dir sind Begriffe wie „Gewissen" oder „Verantwortung" deutlicher geworden. Dabei sind wir aber immer auf dem eigenen Teller geblieben, bei dir und deinen Gruppen in denen du lebst oder leben wirst.

Es wird aber nun Zeit, über den Tellerrand zu sehen. Schließlich gibt es außer uns Menschen noch andere Lebewesen wie Pflanzen und Tiere.

Material 1

Jährlich werden Millionen Schweine für den Verzehr aufgezogen. Viele davon müssen entsorgt werden, weil sie den Schlachthof gar nicht mehr lebend erreichen. Die meisten Schweine verbringen ihr Leben in halbdunklen Ställen. Wenn sie am Schlachttag zum ersten Mal das Licht der Welt erblicken, erleiden viele von ihnen einen Herzinfarkt.

In überbesetzten Drahtverhauen werden jedes Jahr Millionen Legehennen zerschlissen. Die Vögel können darin nicht einmal mit den Flügeln schlagen. Die meisten leben auf einer Fläche, die kleiner ist als ein DIN-A-4-Blatt.

250 Millionen Rinder, Schweine, Pferde und Schafe werden jedes Jahr innerhalb von Europa transportiert. Viele von ihnen bis zu 20 Stunden ohne Auslauf, ohne Wasser. Jedes zehnte Tier kommt tot am Zielort an.

Aufgabe 1: Ihr habt sicher eine Meinung zu den Texten. Tragt sie zusammen. Könnt ihr euch auf eine Meinung einigen – und dann auch begründen?

a) *Was bekommen Tiere wirklich mit von der Quälerei in Ställen oder Viehtransporten?*

b) *Haben Pferde, Schweine, Schafe oder Hennen Gefühle oder Gedanken – ähnlich wie wir Menschen?*

c) *Leiden Tiere wie wir Menschen?*

d) *Haben Tiere eine Ahnung vom Tod und was empfinden Tiere, wenn sie getötet werden?*

9 Ethisches Verhalten gegenüber Tieren?

Material 2

René Descartes (1596 – 1650), französischer Naturforscher und Philosoph: Menschen haben eine empfindungsfähige Seele. Tiere sind fühllose Automaten, besitzen keine Erkenntnis und darum keine Empfindung. Nur wir Menschen legen ihre Bewegungen so aus, als ob es Empfindungen wären.

(Hirschberger Bd. II, S. 113)

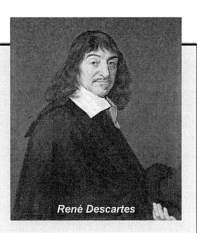
René Descartes

Aufgabe 2: Könnte Descartes damit Recht haben?

Ja, weil

_____
_____
_____
_____
_____

Nein, weil

_____
_____
_____
_____
_____

Material 3

Im Mittelalter schlachteten die Metzger im Freien oder in öffentlichen Schlachtbuden zur Belustigung des Volkes.

Anfang des 19. Jh. war es üblich, dass der Metzger seine Finger in die Augen der Schlachtopfer bohrte, damit sie schreien. Damit wurde dem Dorf verkündet, dass dort geschlachtet und Fleisch zu haben sein wird.

9 Ethisches Verhalten gegenüber Tieren?

Material 4

Affenmütter suchen tagelang nach Jungtieren, die ihnen abhanden gekommen sind. Wenn ein Äffchen bei seiner Mutter stirbt, geschieht oft etwas Wunderliches: Die Mutter trägt ihr totes Kind wie eine Puppe tagein tagaus mit sich herum, untersucht gelegentlich Haut und Haare, laust es und schleppt es weiter als wäre das Kind noch am Leben.
Bis der kleine Körper mit der Zeit in Verwesung übergeht und schließlich austrocknet. Am Ende fällt vielleicht ein Arm ab, dann ein Bein.
Erst dann ist die Mutter langsam in der Lage, die Überreste aufzugeben und zu vergessen.

Seelöwinnen heulen schauerlich, wenn ihr Kleines von einem Orca (Killerwal) geraubt wird.

Verhaltensforscher beobachteten **Elefantenherden**, wie sie sich um ein tot geborenes Baby versammelten. Gelegentlich stupsten sie den Kadaver mit ihren Rüsseln und versuchten, ihn zum Aufstehen zu bewegen. Dann standen sie tagelang, die Köpfe gesenkt und mit hängenden Ohren, wie eine Trauergemeinde.
Wenn ein Elefant erkrankt oder durch die Kugel eines Wilderers verwundet wird, dann pflegen ihn seine Verwandten. Mit dem Rüssel streicheln sie den Kranken. Auf offene Wunden schmieren sie eine Art Pflaster aus Lehm.

Aufgabe 3: a) *Du hast die Texte über die Affenmütter und über die Elefanten usw. gelesen. Bei welchem Text hast du am meisten mitgefühlt?*

EA

_____

b) *Warum bei diesem Text/bei diesen Texten?*

_____
_____
_____

9 Ethisches Verhalten gegenüber Tieren?

c) Du hast dich vermutlich eingefühlt und dir vorgestellt, an der Stelle dieser Tiere zu sein. **Verstehst** du deshalb diese Tiere? Oder hast du **gefühlsmäßig** geurteilt?
Das Problem erkennst du an den folgenden Beispielen:

- Du kennst vielleicht die unnatürliche Haltung von Legehennen in Batteriekäfigen. Wenn du dir vorstellst in Batteriekäfigen leben zu müssen, antwortest du ziemlich sicher mit:

   _____

- Würdest du gern in dunklen Höhlen leben und krabbelnde Insekten essen? Wahrscheinlich antwortest du:

  _____

Die Antwort (bei den Lösungen) wird dich überraschen.

Material 5

Bei Tieren gibt es nicht nur Schmerzempfinden und Trauer, sondern auch Zeichen von Freude am Spielen und am Leben.
In den walisischen Bergen legen sich **Raben** auf den Rücken und rodeln immer wieder schneebedeckte Hänge hinunter.

Die **Büffel** Nordamerikas schlittern laut grunzend über vereiste Flächen.

Auf der japanischen Insel Honshu spielen junge **Makakenaffen** mit selbst geformten Schneebällen.

9 Ethisches Verhalten gegenüber Tieren?

EA

Aufgabe 4: Artgerechte Tierhaltung – darunter versteht man Tiere so zu halten, dass sie sich wohl fühlen und dass sie leben können, wie sie es in Freiheit auch tun.

Arbeite **Material 1** (Seite 47) durch und fertige eine Tabelle an:

Tierarten	keine artgerechte Haltung:	artgerechte Haltung sieht so aus:

9 Ethisches Verhalten gegenüber Tieren?

Aufgabe 5: „Diese Tierquälerei gab es früher nicht."
Stimmt das? Begründe deine Antwort mit einem Beispiel.

EA

_____
_____
_____
_____
_____

Aufgabe 6: Menschen und Tier haben Freude am Leben. Woran erkennst du das bei Mensch und Tier?
Verwende eigene Beobachtungen und das **Material Nr. 5**.

EA

_____
_____
_____
_____
_____

Aufgabe 7: Du hast gelesen, was René Descartes über die Empfindungen der Tiere gesagt hat. Descartes ist zwar schon lange tot, aber wir tun so, als ob er noch lebte.

Schreibe ihm einen Brief und zeige ihm an Beispielen, dass du anderer Meinung bist.

Dein Brief könnte so anfangen:

> **Sehr geehrter Herr Descartes,**
>
> Sie sagen, dass Tiere keine ...

10 Verantwortung weltweit

Du hast es wahrscheinlich untergründig gemerkt:

In den ersten Aufgaben zum ethischen Handeln bezog sich das Verhalten auf die Nahbereiche Familie und Gruppen in Kindergarten und Schule. Die darauf folgenden Texte und Aufgaben befassten sich mit dem Einfluss menschlichen Verhaltens auf die Welt der Tiere.

> **Und weil menschliches Verhalten auch auf die ganze belebte Welt Folgen haben kann, muss sich der Mensch so verhalten, dass er der Natur und damit sich selbst keinen Schaden zufügt.**

„Menschliches Verhalten" – ist damit das Verhalten aller Menschen gemeint? Oder ist auch der Einzelne und sein Verhalten gemeint? Das hört sich bald so an, als wären wir als Einzelne viel zu schwach, um etwas **für** die Natur bewirken zu können. Aber können wir nicht etwas für die Natur tun, indem wir etwas **nicht** tun?

> Mehrere Tonnen Schweröl liefen am Sonntagmorgen gegen 0.30 Uhr beim Beladen eines Tankschiffes vermutlich aus Unachtsamkeit in den Hafen. Ölsperren konnten verhindern, dass das Öl auch in den Kanal fließen konnte.

 Aufgabe 1: *Ihr lest nun wieder Aussagen, über die ihr ausgiebig miteinander sprechen könnt. Könnte tihr zustimmen, oder lehnt ihr diese Aussagen ab? Sucht in beiden Fällen Begründungen: Warum stimmen wir zu, warum lehnen wir ab?*

1. Der Einzelne kann gar nichts für die Natur tun.

2. Wenn der Einzelne etwas tun kann, ist das nicht einmal ein „Tropfen auf den heißen Stein".

3. „Da müssen die Regierungen der Staaten ran, die haben viel größeren Einfluss."

4. Herr D. rückt dem Unkraut auf seinem gepflegten Rasen mit der Giftspritze zu Leibe: „Das ist nicht viel, ich mache das ja nicht für den ganzen Rasen. Nur einzelne Unkräuter werden so vernichtet." Der Nachbar: „Wenn das nur so wenige Pflanzen sind, könnte man die auch anders entfernen, oder?" Herr D.: „Ja klar, aber das Gift, so viel ist das nicht."

10 Verantwortung weltweit

5. Ein Auto, das auf 100 Kilometer 3 Liter Kraftstoff verbrennt, stößt weniger CO_2 aus als ein Auto, das 7 Liter verbraucht.

6. Herr Z. und Herr D. waschen mindestens einmal in der Woche ausgiebig ihren PKW. Das machen sie beim Haus an der Straße. Der Nachbar: „Das läuft doch jetzt alles in die Kanalisation. Und von da aus? Haben Sie eine Ahnung, wohin dieses Abwasser nun fließt?" „Ja, sicher, in die Kläranlage, da wird es gereinigt."

7. Der ungemütliche Nachbar: „CO_2 ist ein Gas, das unser Klima ungünstig beeinflusst." Herr Z: „Soll ich jetzt etwa mein Auto verkaufen? Als ich das vor ein paar Jahren kaufte, wusste ich das mit dem CO_2 noch gar nicht." Nachbar: „Nun sieht es so aus, als wollten Sie in Urlaub fahren." Herr Z.: „Bei dem Wetter doch nicht. Aber im September fahren wir nach Spanien." „Wohnen Sie in einem Hotel?" „Nein, wir haben ja den Wohnwagen mit."

Zum Schluss habt ihr Gelegenheit, eure Antworten mit den Lösungsvorschlägen zu vergleichen.

Und dann sucht sich jeder für das Sprüche-Kästchen (s. Seite 38) noch ein oder zwei Sätze, die besonders gut gefallen haben. Gehört auch diese Zusammenfassung unten dazu?

Handle so, dass die Auswirkungen deines Verhaltens immer mit den Zielen eines menschenwürdigen Lebens übereinstimmen.

10 Verantwortung weltweit

Du hast aus den Beispielen erkannt, dass Tiere wahrscheinlich ähnliche Gefühle und Empfindungen haben können wie wir Menschen. Zu den Empfindungen gehören Trauer oder Freude am Spiel. An vielem haben wir Menschen Anteil.

Aufgabe 2: *Dazu sind jetzt einige Sätze zu bedenken. Stimmt das, was hier gesagt wird? Argumentiert unbedingt mit Beispielen.*

- *Wir Menschen sind immer dafür verantwortlich, wenn Tiere leiden müssen.*

- *Wir sind viel zu oft für das Leiden von Tieren verantwortlich.*

- *Durch unser Verhalten können wir vielen Tieren Leid und Qual ersparen.*

- *„Ich transportiere keine Schweine und ich habe auch keine Legebatterien. Also habe ich mit dem Leiden dieser Tiere nichts zu tun."*

- *Die in den Texten erwähnten Lebewesen sind leidensfähig und sie können auch Freude erfahren.*

10 Verantwortung weltweit

Aufgabe 3: *Dass Menschen sich von Tieren ernähren, wisst ihr schon lange. Geflügel habt ihr bestimmt in vielfacher Form gegessen, auch Fisch und Schweine- oder Rindfleisch. Die meisten dieser Tiere werden nicht in ihrer natürlichen Lebenswelt gefangen, sie wurden gehalten und gemästet.*

Es gibt auf unserer Erde Arten von Tieren, die von Menschen nicht oder nur selten verzehrt werden. Deshalb stellt er ihnen nicht nach, er fängt oder sammelt sie nicht. Dennoch ist es der Mensch, der sie vernichtet – und das sogar auf mehrfache Weise. Darüber habt auch ihr häufig gehört – und das Gehörte wieder vergessen. Gut, dass man nicht vollständig vergisst. Manchmal genügen ein paar Stichwörter, um das Gehörte oder auch Gelesene wieder hervor zu holen.

Tragt zusammen, was euch zu den folgenden Stichwörtern einfällt. **Überlegt** dabei die **Auswirkungen** auf die Tier- und Pflanzenwelt. Verwendet in euren Gesprächen möglichst viele **Beispiele**.

a) Chemieunfälle – Unkrautvernichtungsmittel – Schädlingsbekämpfungsmittel
b) Tankerunglücke
c) Treibhausgase – Erwärmung – Eisschmelze – Anstieg der Meere.
d) Tropenwälder – Nutzung nach Abholzung
e) Unser Verhalten hat auf die Natur keinen Einfluss.
f) Viele Menschen haben zur Natur keinen Bezug, sie ist ihnen egal.
g) Weil wir Menschen immer mehr wollen, verhalten wir uns umweltfeindlich:
– Wir verschwenden Wasser und Energie.
– Wir verpesten die Luft.
h) Wir helfen der natürlichen Umwelt nur, wenn wir auf möglichst viele Güter verzichten.
i) Wir müssen nicht verzichten, wir müssen beim Einkauf besser entscheiden.
j) Wenn wir erneuerbare Energien nutzen (Sonne, Wind, Wasser), helfen wir der Umwelt und uns.
k) Wir können gar nicht genau sagen, welche Folgen unser Verhalten für die Natur und für die Menschheit hat.
l) Deshalb sollte man lieber darüber nachdenken, welche Nachteile z.B. eine neue Erfindung haben könnte.
m) Wenn man sich solche Nachteile vorstellen kann, sollte man auf die Entwicklung der Erfindung verzichten.
n) Alle Lebewesen haben das Bestreben zu leben, alle wollen leben.
o) Unser höchstes Gut ist der Fortbestand der Menschheit.
Alle anderen Wünsche müssen sich diesem Wert unterordnen.
p) Jeder Einzelne von uns kann in seinem Rahmen nach seinen Möglichkeiten Verantwortung übernehmen – für die Umwelt und damit für die Menschheit.

10 Verantwortung weltweit

PA

Ausklang: Ihr habt hoffentlich ausgiebig über diese Sätze nachgedacht und gesprochen. Ob das noch mehr Menschen tun?

Fragt sie doch einmal. Geht zu zweit in verschiedene Straßen eurer Stadt/Gemeinde. Stellt euch mit Schule und Namen vor und nennt euer Anliegen:

„Wir kommen von der ... Schule und haben Unterricht über Ethik. Wir sprechen über viele Fragen und Probleme zum Thema Umwelt. Dazu würden wir Ihnen zwei Aussagen nennen und dann gern hören, was Sie darüber denken."

Danach bedankt ihr euch natürlich und notiert kurz die Antwort der befragten Person.

In der Schule tragt ihr dann eure Ergebnisse zusammen.

11 Was ist politische Ethik?

Du wirst es oft gehört haben – das Geschimpfe und die Unzufriedenheit mit der Politik und mit den Politiker (innen).Meist wird geschimpft, weil man mit politischen Entscheidungen nicht zufrieden ist. Dann wird diskutiert und mehr oder weniger sachlich gestritten, und jeder weiß es anscheinend besser als die Politiker(innen).

So verschieden die Themen auch sind, aber meist geht es um die/um unsere Bedürfnisse, um die Bedürfnisse der Bürger. Und jeder der Diskutierenden denkt dabei an berechtigte Interessen und Bedürfnisse.

Der Vorsitzende des FC 08 denkt daran, dass die Fußballabteilung seines Vereins (mit immerhin 121 Mitgliedern) eine Flutlichtanlage braucht. Man ist schließlich in die Bezirksliga aufgestiegen, da muss es doch schon etwas mehr sein ! In der Nachbargemeinde hat man schließlich auch ... . Aber da hat die Gemeindeverwaltung auch was zugeschustert. Das geht hier natürlich nicht, unsere Gemeinde hat schon genug Schulden.

Aufgabe 1: *Nun ist eure Meinung gefragt. Ihr braucht nur noch denken und entscheiden.*

- *Die ländliche Gemeinde, in der sich der FC 08 befindet, hat 10.000 Einwohner und einen Haufen Schulden. Geht es bei der Flutlichtanlage um berechtigte Interessen der Bürger? Einigt euch auf eine Antwort und tragt sie hier ein.*

_____

_____

_____

_____

_____

_____

_____

Aufgabe 2: *Tauscht eure Stellungnahmen mündlich aus und ergänzt oder verändert gegebenenfalls die eigenen Notizen.*

11 Was ist politische Ethik?

Diese Gemeinde hat neuerdings ein Baugebiet erschlossen, es entsteht ein neues Gebiet mit vielen Einfamilienhäusern. Man rechnet auch mit dem Zuzug junger Familien mit Kindern, und mit einem Babyboom rechnet man auch.

Nun überlegt man, dass eine weitere Kindertagesstätte gebaut werden muss. Die drei Kindertagesstätten sind voll belegt, noch mehr Kinder aus dem neuen Baugebiet wird man nicht verkraften können. Die neue Kita soll auch zwei Gruppen mit je 30 Krippenkindern bekommen. Hier sind Kinder im Alter von 1-3 Jahren zu Hause.

PA

Aufgabe 3: *Auch hier ist eure Meinung gefragt. Die Gemeinde müsste noch mehr Schulden machen, wenn sie die neue Kita mit Krippe bauen würde.*

- *Erkennst du bei diesem Beispiel des Kindergarten-Neubaus berechtigte Interessen der Bürger? Wer ist hier Bürger, und worin bestehen die Bedürfnisse/Interessen dieser Bürger; welche Vorteile haben sie von der neuen Einrichtung; was bedeutet hier der Begriff „berechtigt", wer hat welches Recht worauf? Einigt euch auf eine Antwort und tragt sie hier ein.*

GA

Aufgabe 4: *Tauscht mündlich eure Antworten aus und verändert gegebenenfalls die eigenen Notizen.*

11 Was ist politische Ethik?

Aufgabe 5: Es hat Zeiten gegeben, als Verwaltungen der Städte, Gemeinden oder Fürstentümer und Königreiche Deutschlands allein für die Bürger entschieden haben. Heute bestimmen die Bürger mit. Sobald sie wahlberechtigt sind, wählen sie für ihre Gemeinde oder für ihre Stadt und das Bundesland oder für den ganze Land ihre Vertreter. Das sind die Politiker, die sich für die berechtigten Interessen und Bedürfnisse aller Bürger einsetzen sollen.

EA

- In welcher Gemeinde oder Stadt lebst du?

  _____

- Zu welchem Bundesland gehört deine Stadt/Gemeinde?

  _____

- In welcher Stadt befindet sich die Verwaltung deines Bundeslandes?

  _____

- Politiker sind in Parteien organisiert. Welche Parteien gibt es in deinem Bundesland?

  _____

- Auch in Städten und Gemeinden gibt es Politiker verschiedener Parteien. Welche Parteien gibt es in deiner Gemeinde/Stadt?

  _____

Aufgabe 6: In Städten und Gemeinden haben die Bürger die Möglichkeit, direkt auf politische Entescheidungen Einfluss zu nehmen. Im folgenden Text lernst du mehr darüber, wenn du den Text mit diesen Begriffen sinngemäß ergänzt:

EA

> Bürgerentscheid – Bürgergehren – Wahlberechtigten – Angelegenheiten – Bürger

In wichtigen _____ können die Bürger/Einwohner einer Gemeinde, einer Stadt oder eines Landkreises einen Antrag auf ein _____ stellen. Dann entscheiden nicht die gewählten Politiker sondern die _____ . Dieser Antrag muss aber von einem bestimmten Anteil der _____ unterzeichnet sein. Ist das Bürgerbegehren zulässig, so ist innerhalb von drei Monaten ein _____ herbeizuführen.

11 Was ist politische Ethik?

Du kennst das aus dem Alltag: Wenn etwas entschieden werden soll, muss die Entscheidung gut durchdacht sein. Entscheidungen „aus dem Bauch heraus" sind oft unzulänglich oder ganz einfach falsch. Wenn es nicht um wichtige Entscheidungen geht, ist falsch oder richtig kein Problem. Wenn du Schokolade kaufst, entscheidest du dich für die eine oder andere Sorte– sie schmecken fast alle. Wenn du deine Lieblingsschokolade nicht erwischt hast, kaufst du sie das nächste Mal.

Bei politischen Entscheidungen stehen nicht Schokoladen, sondern die wichtigen Bedürfnisse der Einwohner einer Stadt/Gemeinde im Vordergrund.

Du weißt, dass Vertreter der politischen Parteien den Rat einer Stadt/Gemeinde bilden. Die Ratsfrauen und Ratsherren überlegen, diskutieren, entscheiden und beschließen im Sinne ihrer Bürger.

Wie in der allgemeinen Ethik geht es auch in der politischen Ethik darum, möglichst richtig zu entscheiden im Sinne des Gemeinwohl ihrer Einwohner. Damit das gelingt, sollten die Ratsfrauen und Ratsherren politisch klug handeln.

(Sutor B., Kleine politische Ethik, Bonn, Bundeszentrale für politische Bildung, 1997.)

Und das gehört zum politische klugen Handeln.

Aufgabe 7: *Dieser Text ist für dich als Merktext gedacht. Du wirst ihn ab und zu lesen und bedenken und anwenden müssen. Es fehlen noch diese Begriffe:*

EA

> Bereitschaft – Gefahr – beachten – Lernbereitschaft – bedenkt – Gemeinwohls – verschließen

Zur politischen Klugheit gehört die Belehrbarkeit oder _____.

Hier geht es um die _____ , Informationen aufzusuchen und

neue

Gesichtspunkte zu _____ , statt auf vorgefassten Meinungen

zu beharren. Es ist eine _____ für alle, die Macht haben, sich

neuen oder unangenehmen Informationen zu _____ und zu

meinen, man brauche nicht mehr zu lernen. Aber wen klug ist, _____

schon im eigenen Interesse, erst recht im Interesse des _____

auch neue Argumente. *(Sutor B. S. 48)*

11 Was ist politische Ethik?

In der 10.000-Einwohner-Gemeinde soll eine neuer Kindertagesstätte mit zwei Krippengruppen gebaut werden. Darüber sind sich alle Parteien im Gemeinderat einig. Einigkeit besteht aber nicht darüber, wo die neue KiTa stehen soll – es gibt mehrere geeignete Standorte!

Schließlich wird nach langem Diskutieren abgestimmt. Die mit Abstand stärkste Fraktion der einen Partei beschließt gegen die Stimmern der anderen Parteien für den Standort an der Schule, die in einem kleinen Nadelwald eingebettet ist. Diese Grundschule war viele Jahre stolz auf ihren Wald. Hier verbachten die Kinder ihre Pausen. Aber nun soll dieser Wald gerodet werden, und genau auf dem gerodeten Gelände soll die neue KiTa gebaut werden. Der Schulleiter sieht darin keine Nachteile. Er sieht in der engen räumlichen Nähe sogar einen Vorteil, „dann können die Grundschüler den Kindern in der KiTa etwas vorlesen."

Aufgabe 8: *Stellt euch diese Situation vor, der Schulwald verschwindet, und die neue KiTa wird nahe an die Grundschule herangebaut. Würdet ihr diesem Plan zustimmen? Begründet bitte eure Überlegungen!*

_____

_____

_____

_____

Der Rat hat mit der Mehrheit der größten Partei beschlossen. Dagegen habe die beiden anderen Parteien keine Chance. Auch der Bürgermeister hätte die KiTa lieber an einem anderen Standwort gesehen. Aber er musste sich als Demokrat dem Beschluss beugen.

In dieser kommunalpolitisch schwierigen Situation entschlossen sich zwei Bürger der Gemeinde, beim Bürgermeister einen Antrag auf ein Bürgerbegehren einzureichen. Die beiden Antragsteller hofften, den Beschluss der Mehrheitsfraktion im rückgängig machen zu können.

Für das Bürgerbegehren müssten 795 Wahlberechtigte ihre Unterschrift abgeben. Mit dem Antrag waren auch neue Argumente gegen den Neubau der KiTa auf dem gerodeten Gelände neben der Grundschule verbunden. Auch darüber sollten die zur Unterschrift gebetenen Bürger informiert werden.

11 Was ist politische Ethik?

EA

Aufgabe 9: *Vervollständige den Text und versuche gleichzeitig, die Argumente zu bedenken – sind sie für dich nachvollziehbar und plausibel?*

> Grundschüler – Problemen – Schulwald – Konzentrationsverhaltens – Schulwald – spielen - ungünstig – Zweifel – Förderschulen

Wir wollen für die Kinder der Grundschule, dass ihr _____ erhalten bleibt. Der _____ ist Lern- und erholungsort. Außerdem müssen die _____ ab dem Jahr 2013 anders gefördert werden. Schüler mit _____ des Lernens oder des Sozialverhaltens und des _____ werden nicht mehr in besondere _____ umgeschult. Die große Nähe zu einer Kita wirkt sich _____ aus. Die Kinder der Kita singen, _____ und toben nicht nur dann, wenn die Grundschule ihre Pausen hat. Es bestehen erhebliche _____ , ob die Förderung <u>aller</u> Grundschüler gelingen kann.

Aufgabe 10: *Ihr kennt zwar nicht den genauen Sachverhalt. Dennoch ist es nützlich, zu diesen Fragen Stellung zu beziehen.*

- *Hättet ihr das Bürgerbegehren unterschrieben?*
- *Warum – warum nicht?*
- *Um die 795 Unterschriften zu bekommen, mussten die Antragsteller und ihre Helfer bei jedem Wetter und in der Urlaubszeit an den Haustüren um Unterschriften bitten.*
- *Was denkst du, waren sie in der Zeit vom 3. August bis zum 27. August erfolgreich? Erörtere deine Einschätzung.*

11 Was ist politische Ethik?

Aufgabe 11: Am 27. August überreichten die beiden Initiatoren des Bürgerbegehrens dem Bürgermeister 915 Unterschriften. Trotzdem – das Bürgerbegehren ist nicht zustande gekommen! Lies die weiteren Punkte und denke kritisch darüber nach.

- In der Sitzung des Verwaltungsausschusses hatte die Mehrheitsfraktion einen Bauleitplan aufgestellt. Darüber darf aber das Bürgerbegehren nicht befinden. Es war durch diesen „Trick" hinfällig geworden.

- Die Vorsitzende der Mehrheitsfraktion: „Wir nehmen die Kritik der Bürger ernst."

- Die Vorsitzende der kleinsten Fraktion: „Die Bürger wollen keine Entscheidungen vorgesetzt bekommen."

- Die Ethik umfasst Theorien zur Beurteilung menschlichen Handelns nach Richtig und Falsch. Bei unserem Beispiel des KiTa-Standortes kann wiederum das <u>Resultat des Handelns</u> beurteilt werden. Welches Resultat ist in diesem Fall des KiTa-Standortes gemeint?

- Aus dem Kommentar des Redakteurs der Zeitung: Die 915 Unterschriften sind ein Ausdruck dafür, dass die Bürger dieser Gemeinde mehr Mitsprache wünschen – nicht nur die fünf Jahre, wenn Kommunalwahlen sind. Natürlich kann diese Mitsprache nicht für jede Entscheidung gelten. Dafür sind die gewählten Volksvertreter da. Bei grundsätzlichen Fragestellungen, wie die nach dem Standort der neuen KiTa sollten die Bürger aber mehr in die Meinungsbildung einbezogen werden.

- Zur politischen Klugheit gehört auch die Voraussicht. „Politik muss immer fragen nach dem möglich weiteren Gang der Dinge, nach den Folgen eigenen Verhaltens, auch nach den nicht gewollten Nebenfolgen von Entscheidungen." (Sutor B., S. 49)

Aufgabe 11: Auch hier ist eine Stellungnahme gefragt ...

- Im Rathaus der Gemeinde wurde den interessierten Bürgern das Bauvorhaben der neuen KiTa vorgestellt. In der anschließenden Diskussion schlug einer der Initiatoren des Bürgerbegehrens vor, den Ratsbeschluss zu korrigieren und einen anderen Standort zu wählen. Der Ratsvorsitzende sagte daraufhin „Nein, beschlossen, ist beschlossen."

„Zur Klugheit gehört...die Bereitschaft, Informationen aufzunehmen, neue Gesichtspunkte zu beachten, statt auf vorgefasster Meinung zu beharren. Es ist eine besondere Gefahr für alle, die Macht haben, sich neuen oder unangenehmen Informationen zu verschließen; zu meinen, man bräuchte nicht mehr zu lernen. Aber wer klug ist, bedenkt schon im eigenen Interesse. Erst recht im Interesse des Gemeinwohls, auch neue Argumente und auch die Argumente des politischen Gegners." (Sutor B., S. 48)

12 Die Lösungen

Aufgabe 1:
a) • Johanna hat sich wohl verhalten, nämlich bewust unauffällig.
• Am Unterricht hat sie sich praktisch nicht beteiligt.
• Sie versuchte, nicht aufzufallen.
• Ja, das hat sie gewollt, ihr Verhalten war also bewusst.

b) Ja, Johanna hat das gewünschte Ergebnis erreicht.

c) Sie soll/will schließlich etwas/viel lernen für einen Beruf und für das Leben.

d) Nein, dieses Ziel hat sie ja nicht angestrebt.

e) Man erwartet, dass sich jeder in den Unterricht einbringt. Auf jeden Fall erwartet man Aktivität, ein typisches Schülerverhalten also.

f) Den meisten ist es auch egal. Aber man kommt sich ja irgendwie komisch vor, wenn jemand so „abtaucht". Wenn das mehrere so machten!?

g) individuelle Lösungen

Aufgabe 1: Man sollte ehrlich und zuverlässig sein.

Aufgabe 2: Der Mitarbeiter sollte fleißig, ehrlich und zuverlässig sein.

Aufgabe 3: Wer nicht friedlich ist, stört das Zusammenleben. Dann kann nicht jeder so leben, dass er zufrieden/glücklich ist.

Aufgabe 4: Man muss sich darauf verlassen können, dass jemand gleichartig handelt und nicht launisch ist. Jemand ist treu, der zu mir hält, egal ob ich glücklich oder unglücklich bin.

Aufgabe 5:
a) Man kann nicht immer Chef sein, man muss nachgeben können – wenn es die Sache erfordert. Und wenn ich anderer Meinung bin, muss ich die Meinung der Gruppe akzeptieren und mich dem Beschluss der Gruppe unterordnen. Aber nur, solange der Beschluss sinnvoll ist.

b) Die Gruppe funktioniert dann immer noch gut und störungsfrei.

c) Nein, es gibt Situationen, in denen man aufbegehren muss gegen Ungerechtigkeit und/oder Gewalt.

Aufgabe 6: Mein Verhalten kann gelegentlich falsch sein. Dann muss ich die Folgen

a) tragen/ertragen, z.B. Ausschluss aus der Gruppe oder eine Wiedergutmachung.

b) Eine Ausnahme ist der seelisch schwer Erkrankte. In manchen Fällen gilt er als nicht verantwortlich im Sinne des Strafrechts.

Aufgabe 7: Es gibt das Recht auf freie Entfaltung der Persönlichkeit. Die geschieht durch Verhalten, das ich anerkennen/akzeptieren muss – wenn es den allgemein gültigen Regeln entspricht. Jeder möchte in Frieden leben und nicht mit Worten oder tätlich angegriffen werden, jeder möchte ungehindert seiner Arbeit oder seinen Hobbies nachgehen können usw..

Aufgabe 8:
a) Nicht alle Menschen lernen gleich gut/sind sehr intelligent. Es gibt auch körperlich oder geistig und seelisch Behinderte. Es gibt Menschen, die auf vielen Gebieten nur wenig Leistung erbringen. Man sollte froh sein, wenn man selber etwas mehr leisten kann.

b) individuelle Lösungen

c) Das muss der Stärkere sein, der körperlich/geistig/seelisch mehr leisten kann als der Schwächere.

d) freundlich begegnen, nicht kritisieren, vor allem wohlwollend zuhören

e) Beide hätten nach dieser Begegnung einen guten Eindruck/ein gutes Gefühl. Der Stärkere hat es gegeben und der Schwächere hat es erhalten.

Aufgabe 9: **Der Einzelne** kann froh/stolz sein, für das Funktionieren beigetragen zu haben. Wenn ihm das nicht gelingt, fühlt er sich schlecht – falls er sein unzureichendes Verhalten erkennt.

Die Gemeinschaft kümmert sich um den Schwächeren und hilft ihm vielleicht. Vom Stärkeren profitiert sie und sie schätzt ihn besonders.

Aufgabe 10: egoistisch: Der egoistische Mensch ist nur auf seinen Vorteil bedacht. Deshalb ist es ihm egal, wie sich andere durch sein Verhalten fühlen. Von diesem Menschen hat die Gemeinschaft keine Vorteile, nur Nachteile. Dem Egoisten sind die Nachteile aber gleichgültig, er denkt immer nur an sich.

misstrauisch: Dieser Mensch wird wie der Egoist abgelehnt, weil er allem und allen misstrauisch entgegen tritt. Er traut keinem (Gutes und Wohlwollen zu) und sieht in seinen Mitmenschen nur Feinde oder Gegner. Vorteile hat er durch sein Verhalten keine, wohl aber Nachteile: Auch ihm traut man nicht.

12 Die Lösungen

Aufgabe 10:

neidisch: Der von Neid erfüllte Mensch sieht in seinen Mitmenschen Gegner. Er neidet ihnen alles mögliche, egal ob wichtig oder unwichtig. Er gönnt seinen Mitmenschen nichts, egal, was es ist. Dieser Mensch wird abgelehnt, er selber leidet unter seinem oft grundlosen Neid.

eifersüchtig: Der eifersüchtige Mensch fühlt sich ständig benachteiligt, auch wenn er es objektiv nicht ist. Es sind in seinen Augen immer die anderen, die vorgezogen werden. Auf sie ist er eifersüchtig, er möchte auch so viel Zuwendung haben. Dieser Mensch ist zänkisch, weil er sich zurückgesetzt fühlt/denkt. Er richtet seine Aggressivität auf die angeblich Bevorzugten. Vorteile hat er von diesem Verhalten nicht, nur Nachteile, er wird wegen seiner Streitereien abgelehnt. Seine Umgebung schätzt ihn natürlich nicht, solche Streithähne sind nicht gern gesehen.

eitel: Obwohl es oft keinen Grund gibt, bildet dieser Mensch sich vieles ein, was er sein möchte: Schön, reich und vor allem geliebt. Dies trägt er auch zur Schau und wird deshalb abgelehnt. Er selber hat keine richtigen Vorteile, die bildet er sich ein: „Wie schön bin ich doch, es werden mich alle beneiden." Beneiden wird ihn wohl keiner, eher lacht man über ihn, er wird nicht wirklich akzeptiert.

hochmütig: Wie eitel und dazu noch: Dieser Mensch lässt nichts von dem gelten, was seine Mitmenschen sagen/denken/tun. Er macht alles viel besser, glaubt er zumindest. Sein Gesichtsausdruck soll erkennen lassen, dass er nichts und niemanden schätzt. Er blickt „von oben herab". Diese Typen sind unangenehm durch das gezeigte Verhalten. Man schätzt sie nicht und bezieht sie nicht gern in Aktivitäten ein, „man macht ja doch alles falsch". Deshalb bleiben diese Hochmütigen Einzelgänger. Die Gemeinschaft profitiert von ihnen nicht. Sie selber leben in Fantasiewelten und halten sich für wunderbar – sie sind es aber nicht und täuschen sich insofern selbst.

überempfindlich: Weist man diesen Menschen auf einen klitzekleinen Fehler hin, reagiert er gleich gekränkt. Dieser Mensch ist wenig lernfähig und deshalb für sich selber und für die Gemeinschaft kein Gewinn. Der Nachteil für den Überempfindlichen besteht darin, dass er keine Fortschritte macht – wenn er sich nicht ändert. Und so leidet er ständig darunter, dass niemand und auch er nicht vollkommen ist, also ganz natürlich Fehler macht.

ungeduldig: Werden seine Wünsche nicht sofort erfüllt, wird dieser Mensch ganz aufgeregt. Er hat schon als Kind nicht gelernt, Wünsche zurückzustellen. Das ist aber für das Zusammenleben wichtig: Man muss nicht jeden Tag um punkt 12 Uhr das Mittagessen auf dem Tisch haben. Der Ungeduldige kann das nicht verstehen, er besteht auf seinem Essen täglich um 12 Uhr. Weil man ihm nur wenig Recht machen kann, meidet ihn die Gemeinschaft. Er selber hat keine Vorteile durch sein Verhalten.

unbeherrscht: Das ist die Steigerung von „ungeduldig". Schlägt man diesem Menschen etwas ab, „geht er gleich in die Luft", schreit, tobt und schlägt sofort. Kritik vertragen kann er auch nicht, dann reagiert er ebenso unbeherrscht. Er eckt überall an und erfährt Ablehnung (Nachteil). Vorteile hat sein Verhalten nicht, und manchmal erkennt er das sogar, kann aber nichts ändern.

übertrieben vorsichtig: Dieser Mensch wittert überall Gefahr, auch da, wo keine ist. Er denkt stundenlang oder gar tagelang über Kleinigkeiten nach und kommt vor lauter Nachdenken nicht zum Handeln/zu einer Entscheidung. Vorteile hat er keine dadurch, er steht sich selber im Wege. Darin besteht auch der Nachteil für die Gemeinschaft, er ist nicht einzuplanen.

zieht sich von Aufgaben zurück: Aufgaben sind da, um erledigt zu werden. Wer sich davon zurückzieht, hat keine Erfolgserlebnisse. Die Gemeinschaft muss auf den Beitrag dieses Menschen verzichten, hat also auch nur Nachteile. Als Vorteil könnte dieser Mensch annehmen, keine Fehler zu machen; wer arbeitet, macht Fehler. Diesen Gedanken können nicht alle Menschen verkraften. Wer Aufgaben nicht erledigt/sich davon zurückzieht, macht nur einen Fehler, dafür aber einen riesengroßen Fehler: Er steuert nichts zum Leben der Gemeinschaft bei.

zieht Mitmenschen herab: Der Vorteil für diesen Menschen besteht darin, dass er sich selber toll fühlt/denkt, wenn er andere herabzieht. Er macht sich aber unbeliebt, man meidet seine Gesellschaft. Auf die ist er aber auch angewiesen und hat wiederum Nachteile durch sein Verhalten.

kann berechtigte Kritik nicht ertragen: Dieser Mensch lernt dann nicht dazu, er lehnt ja die berechtigte Kritik ab. Der Umgang mit ihm ist schwierig, er wird abgelehnt, man mag ihm gar nichts mehr sagen. Vorteile hat sein Verhalten für ihn nur insofern: „Ich mache nichts falsch, sondern alles richtig." Und daran will/muss er glauben, obwohl die Tatsachen vielleicht dagegen sprechen. Weil berechtigte Kritik eine Gemeinschaft weiterbringt, hat sein Verhalten für die Gemeinschaft Nachteile.

Aufgabe 11:

Wir lernten sprechen, lesen und verstehen. Außerdem lernten wir, miteinander unsere Gedanken friedlich auszutauschen und sie aufzuschreiben.

a) Familie, Vater/Mutter als Alleinerziehende, Kindergarten/Hort, Schule

b) Wir lernten Gebote und Verbote und das schulische Können. Man sprach mit/zu uns und gab uns die verschiedensten Aufgaben.

12 Die Lösungen

2

Aufgabe 11: c) individuelle Lösungen
d) individuelle Lösungen

Aufgabe 12: a) individuelle Lösungen
b) individuelle Lösungen

Aufgabe 13: a) individuelle Lösungen
b) individuelle Lösungen
c) Vor allem Interessenkonflikte. Der eine möchte das, was er andere nicht will/mag. So streitet man z. B. um Fernsehzeit oder um Geld (die Erwachsenen).

Aufgabe 14: Beispiel Zurückweisung: „Nein, mit dir spiele ich nicht."
Beispiel ausgestoßen: „Du spielst nicht mehr mit, geh' woanders hin."
Beispiel verachtet: „Wir mögen dich nicht/wir kennen dich nicht/du gehörst nicht zu uns."

Aufgabe 16: a) Zunächst das Baby. Dann aber auch die Mutter, die sich nicht beherrschen konnte.
b) Sie reagierte schließlich unbeherrscht, konnte nicht an sich halten, hatte sich nicht in der Gewalt.
c) Nein, so junge Kinder können noch nicht sprechen, sie müssen schreien, wenn sie ihre Bedürfnisse mitteilen wollen.
d) Ja, sie wurde ja auch strafrechtlich zur Verantwortung gezogen (Haft).
e) Nein, die Gemeinschaft kann keine Menschen gebrauchen, die unbeherrscht sind und die Kontrolle über sich verlieren.

Aufgabe 17: a) Man hört mir ruhig zu und ist freundlich zu mir.

Aufgabe 20: a) z. B. Fleiß, Verantwortungsbereitschaft, Mitmenschen vorbehaltlos akzeptieren, Zuverlässigkeit, Berechenbarkeit als Gegenteil von Launen, Offenheit
b) prinzipiell das Gegenteil von 20 a), aber auch: sich über andere stellen/erheben wollen, sich nur auf andere verlassen, nur schicksalhaft auf das Glück warten

Aufgabe 21: **Nein zu den Aufgaben:** Genuss wollen, Abenteuer wollen, Spannung erleben wollen, Abwechslung wollen, Unordnung, Unpünktlichkeit, Untreue, kein Leistungswille, Überheblichkeit, Unbeherrschtheit

Ja zu den Aufgaben: Disziplin, Hilfsbereitschaft, Anstrengungsbereitschaft, Ordnung, Pflichterfüllung, Treue, Fleiß, Bescheidenheit, Selbstbeherrschung, Pünktlichkeit, Anpassungsbereitschaft

3

Aufgabe 1: c) Jeder lebt nur für seine Interessen, will sofort an der Kasse bedient werden, Vorfahrt haben usw.
d) Ameisen können sich keine Probleme machen, sie haben vielleicht welche, wenn das Futter knapp wird.
e) Wir haben Gesetze, Gebote und Verbote und Ordnungen, die wir lernen und befolgen müssen. Die Ameisen werden von ihren angeborenen Instinkten gesteuert.
f) Menschen ist das richtige Verhalten nicht instinktmäßig angeboren, sie müssen es lernen.

Aufgabe 2: a) Man streitet vielleicht und schreit andere an oder schlägt sie.
b) Fußballfans gehen aufeinander los. Demonstranten verschiedener Gruppen gehen aufeinander los und gegen die Ordnungskräfte.
c) Ein Staat besetzt mit Truppen Gebiete eines anderen Staates. Schließlich kommt es zum Krieg.

Aufgabe 3: **Altägyptisch:** Ich tue nichts Böses, um selber davor (vor der Rache) verschont zu werden. Hier entsteht gutes Verhalten aus Furcht vor dem Bösen.

Konfuzius: Wenn man mir nichts Böses tut, tue ich es auch nicht. Hier spielt die Furcht keine Rolle. Wenn ich gut behandelt werde, reagiere ich ebenso.

Aufgabe 4: Unser Verhalten hat Einfluss auf uns alle. Deshalb müssen wir solche Regeln haben wie die der Ägypter oder des Konfuzius.

Aufgabe 5: a) Wir wären heute als Einzelne nicht in der Lage, uns zu ernähren. Wir hätten keine Kenntnisse, in einer Welt ohne andere Menschen zu existieren.
b) Das gegenseitige Helfen erfordert Kenntnisse und Fertigkeiten. Die müssen wir lernen, denn angeboren sind sie uns nicht.
c) Frage: Wer von uns könnte allein eine Wohnung herstellen und das Material dazu?

Die Lösungen

3 **Aufgabe 5:** d) Wir arbeiten, um uns zu erhalten und zu wohnen. Dabei helfen uns viele andere Menschen – aber auch wir helfen ihnen dabei.

Aufgabe 6: **Ernährung:** Wir haben es nicht geschafft, überall für Nahrung zu sorgen. Das liegt auch am Klimawandel, der durch den Menschen beschleunigt wird. Kriege führen zu Vertreibungen und Hungersnöten/Armut.

Lernen: Viele Menschen werden am Lernen/Schulbesuch gehindert und bleiben Analphabeten und insgesamt ungebildet.

Wohnen: Viele Menschen leben/wohnen in Slums, in ärmsten Behausungen. Sie haben keine Arbeit und kein Einkommen, um besser wohnen zu können. Viele sind auch nicht ausgebildet, um arbeiten zu können.

Arbeiten: s. Lernen und Wohnen

Aufgabe 8: b) Der Löwe war grausam, hungrig, zornig, wütend und stolz. Der Hase war wahrscheinlich ängstlich.

c) Geschwollen vor Wut und von seinem Stolz getrieben, stürzte sich der Löwe auf das Spiegelbild hinab und musste sterben."

d) Unterstreichung: „Meine Schuld ist es nicht ..., um dir das zu melden."

Aufgabe 10: b) Die Frau war wütend und ist plötzlich ins Auto gestiegen. Den Verstand brauchte sie, um zurückzusetzen und den Partner anfahren zu können.

4 **Aufgabe 1:** individuelle Lösungen

Aufgabe 2: individuelle Lösungen

5 **Aufgabe 1:** a) Es sind Erzieherinnen im Kindergarten, die Tagesmutter oder ErzieherInnen im Hort.

b) mögliche Nennungen: Die Kinder lernen in der Gemeinschaft Wünsche zu äußern, zu bitten, sich auf die anderen Kinder einzustellen, deren Wünsche zu respektieren, sich zu einigen und zu verabreden, durch Argumente durchzusetzen, eigene Wünsche zurückzustellen und aufzuschieben, Normen sprachlich übernehmen (grüßen), ...

c) individuelle Lösungen

d) individuelle Lösungen

e) Großeltern oder andere Verwandte, Heim, Tagesstätte

Aufgabe 2: a) Das Kind hat eine Vorstellung von sich, von seinem Ich. Es weiß, dass es die Ursache seines Verhaltens ist. Das Kind hat ein Selbstbild, „ich bin ..., ich kann ... ich kann nicht ...ich will ..., ich will nicht ..."

b) Es will seine Spielsachen für sich behalten und hält sie fest. Das Kind kämpft um einen Platz, wo es gut sehen kann/gut spielen kann.

c) Nach der Strafpredigt gibt das Kind nach und geht an seinen Platz zurück.

d) individuelle Lösungen

e) individuelle Lösungen

f) individuelle Lösungen

g) individuelle Lösungen

7 **Aufgabe 1:** a) Frieden/friedliches Leben, Berufsabschluss und Arbeit, gelingende Partnerschaft

b) keinen Arbeitsplatz, schwere Krankheit, Krieg

a) Frieden/friedliches Leben, Berufsabschluss und Arbeit, gelingende Partnerschaft

Aufgabe 2: e) individuelle Lösungen

Aufgabe 3: c) Beide haben ohne Nachdenken und zu voreilig ihre Wünsche geäußert/vertan.

12 Die Lösungen

9 **Aufgabe 1:** individuelle Lösungen.

Aufgabe 2: individuelle Stellungnahmen der Gruppe.

Aufgabe 3: a) Vermutlich: Bei dem Text von der Affenmutter.

b) Affen sind uns so ähnlich.

c) Nein,
Nein, obwohl: Diese Lebensform (Höhle und Insekten als Nahrung) sagt gerade den Fledermäusen sehr zu. Das Einfühlen und das gefühlsmäßige Urteilen erlaubt uns also keine Erkenntnis über das Seelenleben der Tiere.

Aufgabe 4: individuelle Lösungen.

Aufgabe 5: Doch, die gab es früher, s. Beispiel des öffentlich schlachtenden Metzgers.

Aufgabe 6: Manche spielen (ihr Verhalten ist nicht notwendig), und das Spiel wiederholen sie, weil es offenbar Freude macht. Das sehen wir auch bei Tieren wie den Raben, die rodeln. Oder bei den Büffeln, die auf vereisten Flächen schlittern.

Aufgabe 7: individuelle Lösungen.

10 **Aufgabe 2:** individuelle Lösungen.

Aufgabe 3: individuelle Lösungen.

11 **Aufgabe 1:** <u>Prinzipielle Lösung</u>: Es geht nur um eine kliene Anzahl der Bürger. Bislang ging es auch ohne Flutlicht. Und noch mehr Schulden anhäufen, das ist gegen die Interessen der Bürger. Die Fußballabteilung in dieser Gemeinde ist viel zu unbedeutend, die Bürger profitieren nicht genug, um weitere Schulden zu riskieren.

Aufgabe 3: <u>Prinzipelle Lösungen</u>: Wenn Vater und Mutter arbeiten (müssen) sind ihre Kinder in der KiTa gut aufgehoben, und gefördert werden sie auch. Das gilt auch für die Kinder in der Krippe. Alle Kinder lernen durch ausgebildete Fachleute/Erzieher(innen) und in der Gruppe voneinander – das geht zu Hause nicht so gut.

Aufgabe 5: individuelle Lösungen.

Aufgabe 6: <u>in dieser Reihenfolge</u>: Angelegenheiten, Bürgerbegehren, Bürger, Wahlberechtigten, Bürgerentscheid

Aufgabe 7: <u>in dieser Reihenfolge</u>: Lernbereitschaft, Bereitschaft, beachten, Gefahr, verschließen, bedenkt, Gemeinwohls

Aufgabe 9: <u>in dieser Reihenfolge</u>: Schulwald, Schulwald, Grundschüler, Problemen, Konzentrationsverhaltens, Förderschulen, ungünstig, spielen, Zweifel

Literatur- & Bildquellenverzeichnis

Literatur

Birnbacher D., Ist erlaubt, was machbar ist? In: Universitas, Stuttgart 47/1992, S. 980 – 988

Engels E.M. (Hg.), Biologie und Ethik. Stuttgart 1999

Hertel J., (Übers.), Hitopadesa. Die freundliche Belehrung. Eine Sammlung indischer Erzählungen und Sprüche in der Rezension. Leipzig 1894.

Höffe O., Lesebuch zur Ethik. Philosophische Texte von der Antike bis zur Gegenwart. München 2002

Hossenfelder M., Der Wille zum Recht und das Streben nach Glück. Grundlegung einer Ethik des Wollens. München 2000

Lenk H., Plädoyer für eine zukunftsorientierte Wissenschaftstheorie und Philosophie. In: Universitas, Stuttgart 26/1971, S. 499 – 512

Lewis M.M., Sprache, Denken und Persönlichkeit im Kindesalter. Düsseldorf 1970.

Messer A., Ethik. Eine philosophische Erörterung der sittlichen Grundfragen. Leipzig 1918

Nagel T., Wie ist es, eine Fledermaus zu sein? In: Bieri . (Hg.), Analytische Philosophie des Geistes. Königstein 1981 S. 261 – 275

Schischkoff G. (Hg.), Philosophisches Wörterbuch, Stuttgart 1965

Schneiders W., Wieviel Philosophie braucht der Mensch? Eine Minimalphilosophie. Köln 2007

Strasser J., Wir müssen unseren Lebensstil ändern. Utopie und Alltag. In: Universitas Stuttgart 47/1992 S. 335-347

Wertenbroch W., Was ist ein Gewissen? In: Förderschulmagazin 3/2004 (Oldenbourg). München.

Wetz F. J., Hans Jonas. Eine Einführung, Wiesbaden o. J.

Bildquellen

Seite 9:	Reiner Sturm - pixelio.de
Seite 14:	Jens Weber - pixelio.de
Seite 15:	Rolf van Melis - pixelio.de
Seite 18:	Stephanie Hofschläger - pixelio.de
Seite 21:	Angelika Schmid & Edith Ochs - pixelio.de
Seite 22:	Andreas Morlok & jurek - pxelio.de
Seite 25:	Dieter Schütz - pixelio.de
Seite 28:	Peter Fenge & anschi - pixelio.de
Seite 29:	Nicole Müller - pixelio.de
Seite 30:	Rainer Sturm - pixelio.de
Seite 32:	Lars Wichert - pixelio.de
Seite 34:	Rolf van Melis - pixelio.de
Seite 39:	Stephanie Hofschläger - pixelio.de
Seite 45:	Egon Häbich & Karl-Heinz Laube - pixelio.de
Seite 47:	Kerstin Nimmerichter - pixelio.de
Seite 49:	Juana K. & Rolf Handke - pixelio.de
Seite 50:	Moni Sertel, Oliver Haja & Bernd von Dahlen - pixelio.de
Seite 55:	Oliver Haja - pixelio.de
Seite 57:	Johannes Höntsch - pixelio.de
Seite 59:	m.schuckart - fotolia.com
Seite 61:	bluedesign - fotolia.com
Seite 62:	Daniel Ernst & benjaminnolte - fotolia.com

Religion & Ethik

Das Geheimnis der Symbole
Anneli Klipphahn

Geheimnisvoll und tiefgründig ...

Ganz gleich, wo wir sind und womit wir uns beschäftigen – überall begegnen uns Symbole. Symbole sind geheimnisvoll und tiefgründig, sie eröffnen uns Welten, die schwer zu erklären sind. Mithilfe des Legekreises tauchen die Schüler in das Geheimnis der Symbole ein. Das Material kann sowohl für die Freiarbeit als auch für verschiedene andere Unterrichtsaktivitäten genutzt werden. Unser Produkt „Der Weg als Symbol" schließt ergänzend an dieses Material an.

NEU ab Okt.

Klasse: 5, 6, 7, 8, 9, 10

			PDF-Schullizenz
Buch	15 045	17,80 €	58,- €
PDF	P15 045	14,49 €	

24 S.

Grundwissen Religion
Anneli Klipphahn & Silke Fischbeck

Der christliche Glaube

Worauf gründet der christliche Glaube? Wo und wie können wir erfahren, wer Gott ist? Und was hat das alles mit unserem Leben heute zu tun? In diesem Werk finden Sie Kopiervorlagen, Bilder, Rätsel, Umweltgeschichten, Spielvorschläge und viele andere Materialien, die Ihren Schülern einen ganzheitlichen Zugang zu wichtigen Grundlagen des christlichen Glaubens ermöglichen.

5.-10. Schuljahr

Klasse: 5, 6, 7, 8, 9, 10, 11-13

80/104 Seiten

Klasse				PDF-Schullizenz
5-6	Buch	11 919	18,80 €	
	PDF	P11 919	14,99 €	
7-10	Buch	11 943	20,80 €	60,- / 66,- €
	PDF	P11 943	16,49 €	

Der Weg als Symbol
Anneli Klipphahn

Wenn sich Wege gabeln

Symbole sind geheimnisvoll. Mithilfe von Symbolen kann man ausdrücken, was schwer fassbar und nicht zu begreifen ist. Der Weg ist ein Symbol, das jedem vertraut ist und eine Brücke zu vielen anderen Symbolen schlägt. Dieses Legematerial eröffnet Ihren Schülern vielfältige Möglichkeiten, ihren ganz persönlichen Weg in die geheimnisvolle Welt der Symbole zu finden.

NEU ab Okt.

Optimale Ergänzung zu „Das Geheimnis der Symbole"

Klasse: 5, 6, 7, 8, 9, 10

			PDF-Schullizenz
Buch	15 048	18,80 €	60,- €
PDF	P15 048	14,99 €	

32 S.

Das Kirchenjahr an Stationen
Waldemar Mandzel & Autorenteam Kohl-Verlag

Die Kopiervorlagen ermöglichen den Kindern, selbstständig und mit Selbstkontrolle wesentliche Bestandteile des Kirchenjahres genauer kennen zu lernen. Die Aufgabenkarten sind abwechslungsreich bebildert und gestaltet und bieten vielfältige Arbeitsaufträge. Den unterschiedlichen Fähigkeiten der Kinder werden die drei verschiedenen Lernniveaus gerecht.

3.-6. Schuljahr

64 Seiten

			PDF-Schullizenz
Buch	11 976	16,80 €	54,- €
PDF	P11 976	13,49 €	

Klasse: 5, 6

Geschichten für Bibelspürnasen
Birgit Brandenburg

Bibelgeschichten als Aufhänger für die Darstellung von Lüge, Betrug, Ungerechtigkeit, Verrat, Mobbing ... Hier sind zeitgemäße Texte in Anlehnung an die Bibeltexte. Die Geschichten beziehen sich nicht nur auf die heutige Zeit, sondern auch auf die alltäglichen Erfahrung der Kinder. Zwischenfragen werden mit Hilfe von Bibelstellen beantwortet und Geheimcodes entschlüsselt.

			PDF-Schullizenz
Buch	10 880	14,80 €	48,- €
PDF	P10 880	11,99 €	

48 Seiten

Klasse: 5, 6

Die Schöpfungsgeschichte
Gary M. Forester

Die Kinder legen einen siebenstrahligen Stern, der jedem einzelnen Tag der Schöpfungsgeschichte entspricht. Land, Licht, Pflanzen, Tiere und der Mensch treten der Reihe nach in Erscheinung. Und am 7. Tage ruhte Gott ...

48 Seiten FARBIG

			PDF-Schullizenz	
Buch	15 021	19,80 €	64,- €	FÖ
PDF	P15 021	15,99 €		

Klasse: 5, 6, 7

Kreuzworträtsel Religion
Angelika Hofmann

50 Rätsel können ohne großen Aufwand zur Freiarbeit oder als Fleißaufgaben und für Vertretungsstunden verwendet werden. Die Kopiervorlagen sind flexibel einsetzbar und tragen dazu bei, dass sich das Wissen nachhaltiger einprägt.

			PDF-Schullizenz
Buch	11 215	15,80 €	50,- €
PDF	P11 215	12,49 €	

56 Seiten

Klasse: 5, 6, 7, 8, 9, 10

Das Kirchenjahr
Gary M. Forester

Der Band bietet anschauliches Legematerial in Kreisform zum Kirchenjahr. Neben faszinierenden Zeichnungen wird auf der Rückseite das jeweilige Fest kindgerecht erklärt. Farbliche Unterlegungen heben einzelne Abschnitte wie z.B. Weihnachts- oder Osterzeit deutlich hervor.

48 Seiten FARBIG

			PDF-Schullizenz
Buch	15 032	20,80 €	66,- €
PDF	P15 032	16,49 €	

Klasse: 5, 6

Die Sakramente ... in der katholischen & evangelischen Kirche
Birgit Kölmel

Die Sakramente werden als sichtbare Zeichen der Nähe Gottes vermittelt. Dabei wird auf die Unterschiede zwischen der katholischen und evangelischen Kirche eingegangen. Auch die Zeichen der einzelnen Sakramente werden ausführlich besprochen.

			PDF-Schullizenz
Buch	10 970	15,80 €	50,- €
PDF	P10 970	12,49 €	

56 Seiten

Klasse: 5, 6, 7

Stationenlernen Schöpfung
Stefanie Kraus

Anhand vielfältiger und abwechslungsreicher Stationen wird die Schöpfungsgeschichte selbstständig erarbeitet. Die einzelnen Stationen bieten je nach Inhalt und Begebenheit in drei Niveaustufen informative Sachtexte mit Aufgabenstellungen an und führen zum Nachdenken und Reflektieren. Eine zeitgemäße Methode, eine spannende Episode der Bibel zu erfahren!

5.-6. Schuljahr

			PDF-Schullizenz
Buch	11 787	17,80 €	58,- €
PDF	P11 787	14,49 €	

64 Seiten

Klasse: 5, 6

Evangelisch & Katholisch ... in der Ökumene leben
Brigitte Goede

Gemeinsamkeiten und Unterschiede zwischen beiden Konfessionen. Neben den Sakramenten werden auch das tägliche religiöse Leben sowie die geschichtliche Entwicklung beleuchtet. Der Schwerpunkt liegt auf dem Zusammenleben in der Ökumene.

4.-8. Schuljahr

			PDF-Schullizenz
Buch	10 749	17,80 €	58,- €
PDF	P10 749	14,49 €	

64 Seiten

Klasse: 5, 6, 7, 8

Stationenlernen Sakramente
Stefanie Kraus

Die Bedeutung der Sakramente und deren Unterschiede werden an verschiedenen Stationen erarbeitet. Auch die Zeichen der einzelnen Sakramente sowie deren kirchliche Spende werden in verschiedenen Formen dargestellt. Verschiedene Niveaustufen runden die Stationen, die in Einzel-, Partner- oder Gruppenarbeit erörtert werden können, ab.

5.-8. Schuljahr

			PDF-Schullizenz
Buch	11 691	17,80 €	58,- €
PDF	P11 691	14,49 €	

64 Seiten

Klasse: 5, 6, 7, 8

Religion fachfremd unterrichten
Patrick Grasser

Effektive Unterstützung für den Unterrichtseinstieg! Dabei wird besonders auf Organisation und Aufbau des Religionsunterrichts eingegangen. Wichtige Hilfestellungen und Tipps gegeben. Die wichtigsten und ausgewählten Themen des Faches Religion werden in kompletten Stundenbildern aufgezeigt.

			PDF-Schullizenz
Buch	11 173	19,80 €	64,- €
PDF	P11 173	15,99 €	

56 Seiten

Klasse: 5, 6, 7, 8, 9, 10

Stationenlernen Religion Advent & Weihnachten
Stefanie Kraus

Weihnachten ist das Fest der Geburt Jesu Christi. Hier wird das Hauptfest des Kirchenjahres mit seinen Entwicklungen und Ereignissen in zahlreichen Stationen erfahren und erlebt. Die klar strukturierte Gestaltung der Stationen ermöglicht eine problemlose und selbstständige inhaltliche Erarbeitung.

3.-6. Schuljahr

			PDF-Schullizenz
Buch	11 719	13,80 €	44,- €
PDF	P11 719	10,99 €	

32 Seiten

Klasse: 5, 6

FÖ Förderbedarf | **INK** Inklusion | **BF** Begabtenförderung | Lernen an Stationen | Arbeitsmaterial zur Differenzierung | Zusatzmaterial | www.kohlverlag.de

Religion & Ethik

Klasse: 5, 6, 7, 8, 9, 10, 11-13

Friedhelm Heitmann
Martin Luther
Europa im Glaubenskrieg

2016 jährte sich der Tod Luthers zum 470. Mal. Luthers berüchtigte Predigten rüttelten an der Gesellschaft und zogen den Zorn der katholischen Kirche und weltlicher Machthaber auf den Augustinermönch. Die ins Deutsche übersetzte Lutherbibel sowie seine kritischen Thesen zum Ablasshandel sind bis heute historisch bedeutsames Erbe. Heute wird er als Reformator und/oder Kirchenspalter betrachtet.

64 S.

Buch	11 777	16,80 €
PDF	P11 777	13,49 €

PDF-Schullizenz **54,- €**
Klasse: 5,6,7,8,9,10

Gary M. Forester
Glück ... hat viele Gesichter

Was ist Glück? Wann spricht man von Glück? Kann man dem Glück zufällig begegnen? Hängt es von materiellen Dingen oder von unseren Mitmenschen ab? Oder können wir es in uns selbst finden und fühlen? Kann es biochemisch erklärt werden? Wir machen uns auf die Spur des Glücks.

32 Seiten FARBIG

Buch	15 031	17,80 €
PDF	P15 031	14,49 €

PDF-Schullizenz **58,- €**
Klasse: 5,6,7,8,9,10

Anneli Klipphahn
Tod, Verlust & Trauer

Abschied, Verlust und Trennung gehören zu unserem Leben. Die Schule als Ort täglicher sozialer Beziehungen kann sich diesem Thema nicht entziehen. Dieser Band geht dieses Thema mit dem notwendigen Feingefühl an und möchte sensibilisieren für den Umgang mit Trauer sowie Verständnis wecken für die Betroffenen. Mit praktischen Handreichungen und Impulsen zum Nachdenken.

56 Seiten

Buch	11 636	15,80 €
PDF	P11 636	12,49 €

PDF-Schullizenz **50,- €**
Klasse: 5,6

Julia von Ammerland
Mein Weg zur Firmung
Eine Arbeitsmappe

Viele Jugendliche haben den Bezug zur Religion verloren. Was ist zum Beispiel zu tun, wenn die Firmung bevorsteht und die Entscheidung ansteht, ob das weitere Leben nach katholischen Werten gestaltet werden sollte? Diese Werkstatt ist eine Anleitung, um zu sich selbst zu finden. Bibelbezüge zeigen, dass diese manchmal gar nicht so fern der heutigen Zeit ist, manchmal aber auch sehr überholt. Am Ende sollen die Jugendlichen anhand ihres Portfolios zu einer überzeugenden Selbsteinschätzung kommen, dabei Selbstvertrauen und Motivation gewinnen.

48 S.

Buch	12 236	15,80 €
PDF	P12 236	12,49 €

PDF-Schullizenz **50,- €**
Klasse: 8,9,10

Anneli Klipphahn
Stationenlernen Umgang mit Tod & Trauer

Die Zusammenstellung von Stationen für den sensiblen Bereich Tod und Trauer bietet den Schülern die einzigartige Gelegenheit, einen individuellen und persönlichen Zugang zum Umgang mit diesem Thema zu finden. Die mit dem nötigen Feingefühl gestalteten Stationen bieten Impulse zum Nachdenken an.

48 Seiten

Buch	11 778	14,80 €
PDF	P11 778	11,99 €

PDF-Schullizenz **48,- €**
Klasse: 5,6,7,8

Ethik

Bandi Koeck & Tobias Vonderlehr
Grundwissen Ethik

Kreative und praxiserprobte Unterrichtsideen mit Arbeitsblättern, Vorlagen und Merktexten. Themen wie z.B. Moralische Prinzipien, Menschenrechte, Glück und kurzgefasste Darstellungen der Weltreligionen führen zu Wertvorstellungen und Überzeugungen.

48/64 Seiten

Klasse			
5	Buch	11 882	14,80 €
	PDF	P11 882	11,99 €
6-9	Buch	11 779	16,80 €
	PDF	P11 779	13,49 €

PDF-Schullizenz (je Band) **48,- / 54,- €**
Klasse: 5,6,7,8,9

Autorenteam Kohl-Verlag
Stationenlernen Ethik

Ethische Themen selbstorganisiert und mit Eigenständigkeit hinterfragen und deshalb auch zu begreifen ist das Ziel des Stationenlernens Ethik. Die Themengebiete können individuell und je nach Wissensstand erarbeitet werden. Je nach Station als Grund- bzw. Expertenaufgabe in Einzel-/Partner-/Gruppenarbeit. Mit Tippkarten, Zusatzmaterial und ausführlichen Lösungen, auch zur Selbstkontrolle.

je 48 Seiten

Klasse			
5-7	Buch	11 544	14,80 €
	PDF	P11 544	11,99 €
8-10	Buch	11 690	14,80 €
	PDF	P11 690	11,99 €

PDF-Schullizenz (je Band) **48,- €**
Klasse: 5,6,7,8,9

Tim Schrödel
Logikrätsel Ethik Training logischen Denkens in Ethik

Einzelne Themengebiete werden wiederholt und gefestigt. Logikrätsel erhöhen die geistige Fitness und verbessern die Konzentrationsfähigkeit.

je 32 Seiten

Klasse			
5-6	Buch	11 531	13,80 €
	PDF	P11 531	10,99 €
7-10	Buch	11 532	14,80 €
	PDF	P11 532	11,99 €

PDF-Schullizenz (je Band) **44,- / 48,- €**
Klasse: 5,6,7,8,9,10

Wolfgang Wertenbroch
LWST Ethik Der Mensch in der Gemeinschaft

Wir alle verhalten uns entsprechend der Erziehung in Elternhaus und Schule. Hier wird vermittelt, wie man sich verhalten sollte. Die Schüler wissen dann, welches Verhalten sie „dürfen" und welches sie „nicht dürfen". Dann wissen sie aber immer noch nicht die Begründung für das angemessene Verhalten. Diese Lücke schließen die hier vorgelegten Arbeitsblätter.

72 S.

Buch	11 042	17,80 €
PDF	P11 042	14,49 €

PDF-Schullizenz **58,- €**
Klasse: 5,6,7,8,9,10

Angelika Hofmann
Kreuzworträtsel Ethik

40 Kreuzworträtsel zu verschiedenen Themen aus dem Ethikunterricht. Dieses Zusatzmaterial ist eine Bereicherung für Ihren Unterricht!

Inhalt: Leben und Handeln; Natur und Mensch; Gesellschaft; Liebe; Leben entsteht; Das soziale Miteinander; Konflikte & Lösungen; Das Lebendige; Familie; Ausbeutung der Erde; Regeln & Gesetze u.v.m.

56 Seiten

Buch	11 190	15,80 €
PDF	P11 190	12,49 €

PDF-Schullizenz **50,- €**
Klasse: 5,6,7,8,9,10

Friedhelm Heitmann & Ulrike Stolz
Religion und Ethik ... kurz, knapp & klar

Die Materialsammlung beschäftigt sich mit zentralen Themenbereichen des Religions- und Ethikunterrichtes: die Religionen der Welt, Werte und Normen, Streit und Gewalt, Ich und das Gewissen. Jede einzelne Kopiervorlage ist so aufbereitet, dass man sie problemlos in den alltäglichen Unterricht integrieren kann. Die Kopiervorlagen lassen sich auch als ideale Vorlage für den Ethikunterricht einsetzen.

132 S.

Buch	19 041	25,80 €
PDF	P19 041	20,99 €

PDF-Schullizenz **84,- €**
Klasse: 5,6,7,8,9,10

Wolfgang Wertenbroch
LWST Philosophie ... ein Einsteigerprogramm

Die Suche nach Antworten auf elementare Fragen des reflektierenden Menschen wird angeregt. Neben diesem individuellen Sinn wird auch die Einordnung eines verantwortlichen Handelns der Gemeinschaft gegenüber vermittelt.

48 Seiten

Buch	10 743	14,80 €
PDF	P10 743	11,99 €

PDF-Schullizenz **48,- €**

---

www.kohlverlag.de • Bestell-Hotline: (0049) (0)2275 / 331610 • Fax: (0049) (0)2275 / 331612 • info@kohlverlag.de